かん字２年

東京書籍版 新しい 国語

教科書ぴったりトレーニング

巻末《かんまつ》 学力《がくりょく》しんだんテスト

別冊《べっさつ》 丸つけラクラクかいとう

とりはずして お使いください

月　日

ふくしゅう 一年生で ならった かん字①

1 かん字を よみましょう。

① えんぴつが 一本 ある。（　　）
② マンションの 四 かい。（　　）
③ 七つの りんご。（　　）
④ 九月の ぎょうじ。（　　）
⑤ 山の ふもとへ いく。（　　）
⑥ 目の けんさを する。（　　）
⑦ つくえの 上の 本。（　　）

2 □に かん字を かきましょう。

① はこの □《なか》を のぞく。
② 大きな □《いぬ》に あう。
③ 妹《いもうと》の 手は □《ちい》さい。
④ がんばって □《ちから》を 出す。
⑤ ピアノの □《せん》□《せい》。
⑥ □《ひ》にちを かぞえる。

⑦ □《すい》ようびの じゅぎょう。
⑧ 時《とき》は □《かね》なり。
⑨ □《ど》ようびの よてい。
⑩ ひまわりの □《はな》が さく。
⑪ □《ただ》しい 文を かく。
⑫ □《あし》□《おと》が 聞《き》こえる。

答え 2ページ

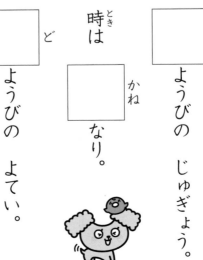

月　日

ふくしゅう　一年生で ならった かん字②

1 かん字を よみましょう。

① かん字（　　）の かきじゅん。

② 気が 休（　　）まる。

③ じてん 車（　　）に のる。

④ 学校（　　）の 名まえ。

⑤ 赤（　　）えんぴつで ぬる。

⑥ 父《ちち》の 口（　　）ぐせ。

⑦ 耳（　　）を かたむける。

2 □に かん字を かきましょう。

① ふたりの □《おんな》の 人。

② □《おとこ》の子が いる。

③ □《さん》□《ねん》が すぎる。

④ □《むら》の おまつり。

⑤ 朝《あさ》 □《はや》く おきる。

⑥ 右と □《ひだり》を 見る。

⑦ □《た》んぼの かえる。

⑧ □《ひゃく》の 十ばいは 千。

⑨ □《いと》でんわで あそぶ。

⑩ たくさんの □《いし》が ある。

⑪ □《むし》を 森で とる。

⑫ □《あお》い 空が ひろがる。

答え 2ページ

月　日

ぴったり1 じゅんび

風の ゆうびんやさん かん字を つかおう1

教科書 上14～25ページ

あたらしく 学しゅうする かん字

風 元 読 言 光 話 丸 声

▼なぞりましょう ▼書きじゅん ▼おぼえましょう　教科書上 16ページ

風（はらう　はねる）

読み方：フウ　かぜ　かざ　◆フ

つかい方：台風《たいふう》　風《かぜ》がつよい　風上《かざかみ》に立《た》つ

くみに なる 字：雨　風

書きじゅん：1～9　風《かぜ》　9かく

風がふく　つよい風

▼なぞりましょう ▼書きじゅん ▼おぼえましょう　教科書上 18ページ

元（下をながく　はねる）

読み方：ゲン　ガン　もと

つかい方：元気《げんき》な子《こ》　元日《がんじつ》　木《き》の根元《ねもと》

でき方：人の 体《からだ》の 上の あたまの 形《かたち》から、「おおもと」を あらわした 字。

書きじゅん：1～4　儿 にんにょう ひとあし　4かく

元気な子犬　元気づける

▼なぞりましょう ▼書きじゅん ▼おぼえましょう　教科書上 18・22ページ

読（上をながく　はらう　はねる）

読み方：ドク　トク　トウ　よむ

つかい方：読書《どくしょ》・読本《とくほん》　句読点《くとうてん》　本《ほん》を読《よ》む

くみに なる 字：書《か》く　読《よ》む

書きじゅん：1～14　訁 ごんべん　14かく

音読する　ろう読

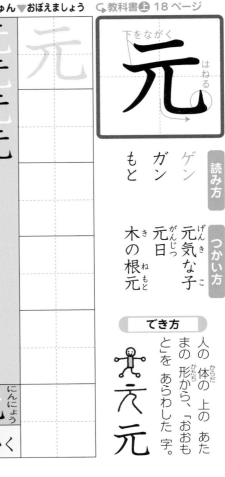

▼なぞりましょう▼書きじゅん▼おぼえましょう

教科書上 19ページ

言

ながく

読み方
ゲン
ゴン
いう
こと

つかい方
言語《げんご》・無言《むごん》
ものを言《い》う
言葉《ことば》

ちゅうい
○言《い》う　×言《ゆ》う
読みがなを つけると き、気を つけてね。

ものを言う
言いかえす

言《げん》
7かく

▼なぞりましょう▼書きじゅん▼おぼえましょう

教科書上 21ページ

光

はらう　はねる

読み方
コウ
ひかり
ひかる

つかい方
日光《にっこう》
光《ひかり》を出《だ》す
星《ほし》が光《ひか》る

でき方
あたまに たいまつを のせた 人の 形《かたち》から できた。

光る月
ほしが光る

ひとあし　にんにょう
6かく

▼なぞりましょう▼書きじゅん▼おぼえましょう

教科書上 22ページ

話

ややながく

読み方
ワ
はなし
はなす

つかい方
会話《かいわ》する
電話《でんわ》で話《はな》す
むかし話《ばなし》

くみに なる 字
話す　聞《き》く

人と話す
先生のお話

話　ごんべん
13かく

▼なぞりましょう▼書きじゅん▼おぼえましょう

教科書上 23ページ

丸

はねる

読み方
ガン
まる
まるい
まるめる

つかい方
ほう丸《がん》なげ
丸《まる》でかこむ
丸《まる》い玉《たま》

でき方
がけの 下で 体《からだ》を まるめた 人の 形《かたち》から できた。

丸をつける
丸い月

丶　てん
3かく

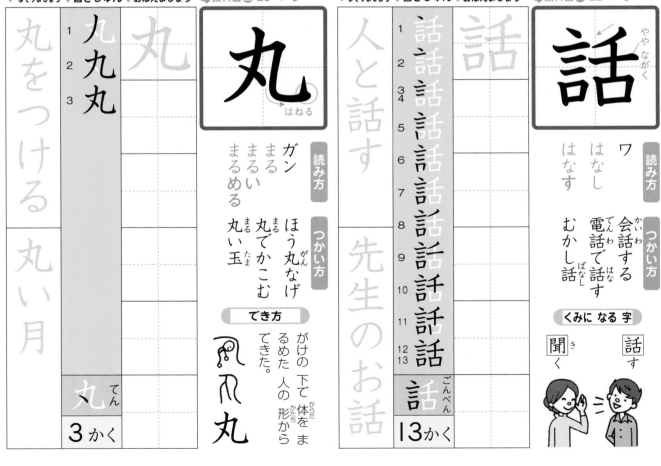

月　日

▼なぞりましょう ▼書きじゅん ▼おぼえましょう

教科書上 23 ページ

声

上を長く　はらう

読み方　セイ　こえ　◆ショウ　◆こわ

つかい方
かん声《せい》
声《こえ》が小《ちい》さい
大声《おおごえ》で話《はな》す

ちゅうい
○声　×声
形《かたち》に 気《き》を つけて 書《か》こう。

書きじゅん：1〜7
声（さむらい）　7かく

声をかける
さけび声

読み方が あたらしい かん字

かん字	読み方	つかい方	まえに出た読み方
木	こ	木《こ》かげで休《やす》む	木《き》の下《した》　木《もく》よう日《び》
花	カ	にわの花《か》だん	花《はな》
虫	チュウ	こん虫《ちゅう》をとる	虫《むし》

かん字	読み方	つかい方	まえに出た読み方
中	ジュウ	せかい中《じゅう》の町《まち》	中《なか》　水中《すいちゅう》
空	あく	せきが空《あ》く	青《あお》い　空《そら》
	あける	はこを空《あ》ける	
光	ひかり	光《ひかり》がさす	光《ひか》る
	コウ	けい光《こう》とう	
小	お	小川《おがわ》が見える	小学校《しょうがっこう》　小《ちい》さい　小石《こいし》
上	ジョウ	水上《すいじょう》バスにのる	上《うえ》　上《あ》がる
	のぼる	さかを上《のぼ》る	
下	ゲ	上下《じょうげ》にわける	下《した》

月　　日

ぴったり2 れんしゅう

風の ゆうびんやさん かん字を つかおう1

1 かん字を 読みましょう。

①（　）風が ふく。

②（　）元気に なった。

③（　）本を 読む。

④（　）考《かんが》えを 言う。

⑤（　）赤く 光る。

⑥（　）先生と 話す。

⑦（　）声が 聞《き》こえる。

2 □に かん字を かきましょう。

① きょうは □《かぜ》が つよい。

② □《かぜ》の むきが かわる。

③ □《げん》気に あそぶ。

④ ふく□《げん》された いせき。

⑤ ものがたりを □《よ》む。

⑥ 名まえを □《い》う。

⑦ □《い》いつけを まもる。

⑧ □《こ》かげで すごす。

⑨ □《こ》のはが いろづく。

⑩ ホタルが □《ひか》る。

⑪ なにかが □《ひか》った。

⑫ たいせつな □《はなし》が ある。

教科書 上14～25ページ

答え 2ページ

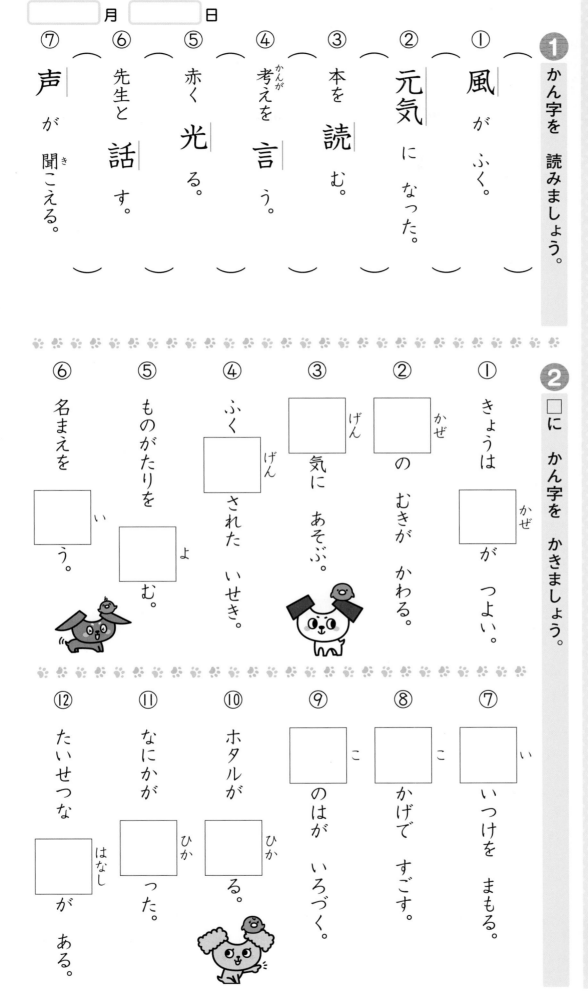

月　　日

ぴったり2 れんしゅう

風の ゆうびんやさん
かん字を つかおう1

教科書 上14～25ページ
答え 2ページ

1 かん字を 読みましょう。

① ボールは 丸い。（　）

② きれいな 花だん。（　）

③ こん虫ずかん。（　）

④ 日光が あたる。（　）

⑤ ばしょが 空く。（　）

⑥ 読書《しょ》を する。（　）

⑦ 上下に うごく。（　）

2 □に かん字を かきましょう。

① おかあさんと □《はな》す。

② さく文を □《おん》□《どく》する。

③ □《まる》じるしで かこむ。

④ だんごを □《まる》める。

⑤ きれいな □《こえ》が する。

⑥ きれいな □《お》□《がわ》。

⑦ □《か》だんの チューリップ。

⑧ こん□《ちゅう》を つかまえる。

⑨ 一日□《じゅう》 いえで すごす。

⑩ せきを □《あ》ける。

⑪ たいようの □《ひかり》。

⑫ かいだんを かけ□《のぼ》る。

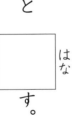

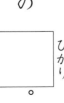

月　　日

としょかんへ 行こう

教科書 上26〜29ページ

☆ あたらしく 学しゅうする かん字

行 分 記

▼なぞりましょう ▼書きじゅん ▼おぼえましょう 教科書上 26ページ

行

下を ながく　とめる　はねる

読み方：コウ　ギョウ　いく・ゆく　おこなう　◆アン

つかい方：行動《こうどう》・行列《ぎょうれつ》　町《まち》へ行《い》く　試合《しあい》を行《おこな》う

ちゅうい：○行《い》く　○行《い》って　○行《ゆ》く　×行《ゆ》って　気を つけましょう。

行《ぎょう》　6かく

学校へ行く　行きかえり

▼なぞりましょう ▼書きじゅん ▼おぼえましょう 教科書上 26ページ

分

あける　出さない　はねる

読み方：ブン・フン　ブ　わける　わかれる　わかる　わかつ

つかい方：半分《はんぶん》・五分《ごふん》　ひき分《わ》ける　よく分《わ》かる

できかた：かたなで二つにきって分ける形《かたち》からできた。

刀《かたな》　4かく

話が分かる　きき分ける

▼なぞりましょう ▼書きじゅん ▼おぼえましょう 教科書上 29ページ

記

はねる

読み方：キ　しるす

つかい方：日記《にっき》を書《か》く　名前《なまえ》の記入《きにゅう》　心《こころ》に記《しる》す

ちゅうい：○記　×記　形《かたち》に気を つけて 書こう。

言《ごんべん》　10かく

日記をかく　記ろくする

月　　日

あたらしく 学しゅうする かん字

書 方 作 点 線 画 数

やってみましょう！

▼なぞりましょう ▼書きじゅん ▼おぼえましょう
教科書上 32・33 ページ

書

つき出す　ながく

読み方　ショ　かく

つかい方
図書室《としょしつ》
読書《どくしょ》をする
文字《もじ》を書《か》く

ちゅうい
「書く」は、字を かく ことです。「絵《え》を 書く」と 書かないように しましょう。

1 2 3 4 5 6 7 8 9 10　書

書 ひらび いわく

10かく

文を書く
書きとり

▼なぞりましょう ▼書きじゅん ▼おぼえましょう
教科書上 32 ページ

方

はらう　はねる

読み方　ホウ　かた

つかい方
南《みなみ》の方角《ほうがく》
字《じ》の読《よ》み方《かた》
夕方《ゆうがた》になる

かたちの にた 字

万《まん》　方

ちがいは どこかな？

1 2 3 4　方

方 ほう

4かく

字の書き方
話し方

▼なぞりましょう ▼書きじゅん ▼おぼえましょう
教科書上 32 ページ

作

みじかく　とめる

読み方　サク　サ　つくる

つかい方
作文《さくぶん》を書《か》く
動作《どうさ》
歌《うた》を作《つく》る

でき方
人が 木に 切《き》れ目を 入れて、ものを つくる ようすを あらわす 字。

1 2 3 4 5 6 7　作

作 にんべん

7かく

こめ作り
作り上げる

月　日

▼なぞりましょう ▼書きじゅん ▼おぼえましょう　教科書上 32 ページ

点

むきに ちゅうい

読み方
テン

つかい方
点《てん》をつける
百点《ひゃくてん》まん点《てん》
点線《てんせん》

かたちの にた 字
点と店《みせ》
占が 同《おな》じで、どちらも「テン」と 読みます。

書きじゅん：1〜9　点
れっか（れんが）　灬
9かく

点と丸
点をとる

▼なぞりましょう ▼書きじゅん ▼おぼえましょう　教科書上 32 ページ

線

とめる　はねる

読み方
セン

つかい方
線《せん》をひく
光線《こうせん》
水平線《すいへいせん》

いみ
糸（いとへん）が あるのは、「せん」が 細《ほそ》く つづく ものだから。

書きじゅん：1〜15　線
いとへん　糸
15かく

線をひく
ほそい線

▼なぞりましょう ▼書きじゅん ▼おぼえましょう　教科書上 32 ページ

画

出さない

読み方
ガ
カク

つかい方
画用紙《がようし》
計画《けいかく》が立《た》つ
字《じ》の画数《かくすう》

ちゅうい
○画　×画
形《かたち》に 気を つけて 書こう。

書きじゅん：1〜8　画
た　田
8かく

そう画すう
き画する

▼なぞりましょう ▼書きじゅん ▼おぼえましょう　教科書上 33 ページ

数

つけない　はらう

読み方
スウ
かず
かぞえる
◆ス

つかい方
算数《さんすう》
数《かず》すくない
数《かず》を数《かぞ》える

かたちの にた 字
教《おし》える
数《かぞ》える

ちがいは どこかな？

書きじゅん：1〜13　数
ぼくづくり（のぶん）　攵
13かく

数がへる
数がふえる

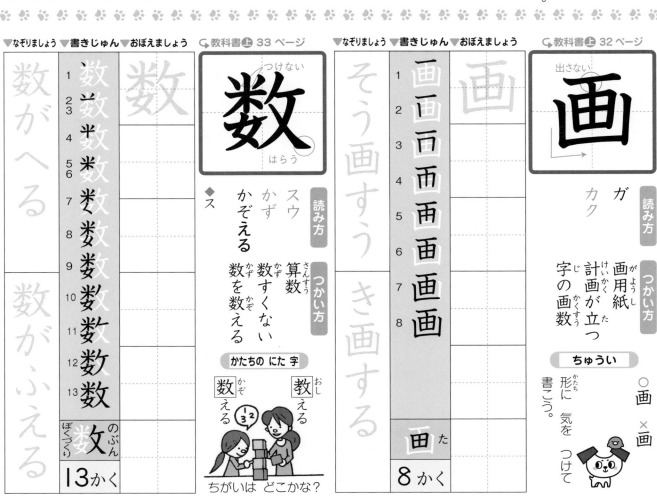

月　　日

ぴったり2 れんしゅう

としょかんへ 行こう
かん字の 書き方

教科書 上26～33ページ
答え 3ページ

1 かん字を 読みましょう。

① 学校へ 行く。（　　）
② 日記を つける。（　　）
③ 夕方の しごと。（　　）
④ ごはんを 作る。（　　）
⑤ 文に 点を つける。（　　）
⑥ まっすぐな 線。（　　）
⑦ いすの 数。（　　）

2 □に かん字を 書きましょう。

① 町へ □《い》く。
② たべものを □《わ》ける。
③ よく □《わ》かる 本。
④ ノートに □《き》ろくする。
⑤ □《か》きとりを する。
⑥ 町の と□《しょ》かん。

⑦ かん字の 読み□《かた》。
⑧ りょうりを □《つく》る。
⑨ テストで □《てん》を とる。
⑩ 水へい□《せん》が 見える。
⑪ 計《けい》□《かく》を 立てる。
⑫ 百までの □《かず》を かぞえる。

月　日

ぴったり1 じゅんび

はたらく 人に 話を 聞こう

☆ あたらしく 学しゅうする かん字

教科書 上34～37ページ

聞　何　考

教科書上 34 ページ

聞（とめる　はねる）

読み方
ブン
きく
きこえる
◆モン

つかい方
新聞《しんぶん》を読《よ》む
話《はなし》を聞《き》く
聞《き》こえる

いみ
「耳」が中にあるのは、「耳」で「きく」からなんだ。

書きじゅん：1～14
耳（みみ）
14かく

おぼえましょう：聞

なぞりましょう：耳で聞く　聞きとる　聞こえる　話を聞こう

教科書上 35 ページ

何（出す　はねる）

読み方
なに
なん
◆カ

つかい方
何《なに》かある
何回《なんかい》も言《い》う
何時《なんじ》ですか

でき方
人が にもつを かつぐ 形《かたち》から できた。

書きじゅん：1～7
何（にんべん）
7かく

おぼえましょう：何

なぞりましょう：何かたべる　何もない

教科書上 35 ページ

考（はねる）

読み方
コウ
かんがえる

つかい方
さん考書《こうしょ》
よく考《かんが》える
よい考《かんが》え

いみの にた 字

書きじゅん：1～6
考（おいかんむり　おいがしら）
6かく

おぼえましょう：考

なぞりましょう：考えたこと　よい考え

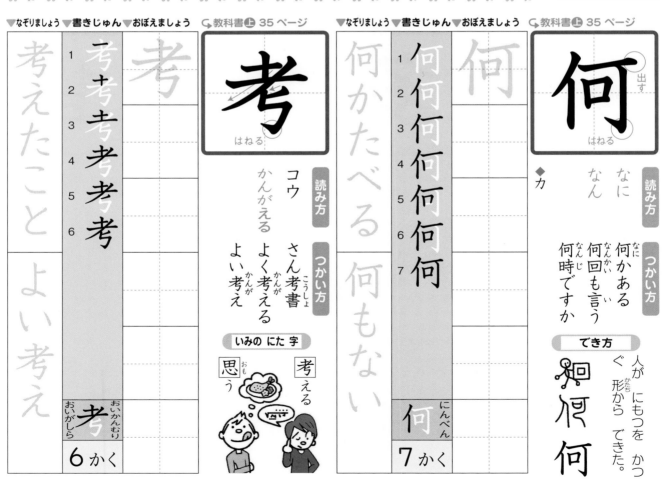

月　日

ぴったり1 じゅんび

たんぽぽ かん字を つかおう2

教科書 上38〜49ページ

あたらしく 学しゅうする かん字

夜 間 多 少 毛 当 時

活 科 来 門

なぞりましょう ▼書きじゅん ▼おぼえましょう　教科書上 42ページ

夜

とめる　はらう

読み方　ヤ　よ　よる

つかい方

夜間《やかん》

夜空《よぞら》の星《ほし》

夜《よる》のやみ

はんたいの 字

書きじゅん：1〜8

夕《ゆうべ》　た

8かく

ひると夜

夜にかえる

▼なぞりましょう ▼書きじゅん ▼おぼえましょう　教科書上 42・46ページ

間

とめる　はねる

読み方　カン　ケン　あいだ　ま

つかい方

空間《くうかん》・人間《にんげん》

木《き》と木《き》の間《あいだ》

大広間《おおひろま》

かたちの にた 字

ちがいは　どこかな？

書きじゅん：1〜12

門《もんがまえ》

12かく

間かくをとる

本と本の間

▼なぞりましょう ▼書きじゅん ▼おぼえましょう　教科書上 43ページ

多

下を やや 大きく

読み方　タ　おおい

つかい方

多数《たすう》

数《かず》が多《おお》い

人出《ひとで》が多《おお》い

はんたいの 字

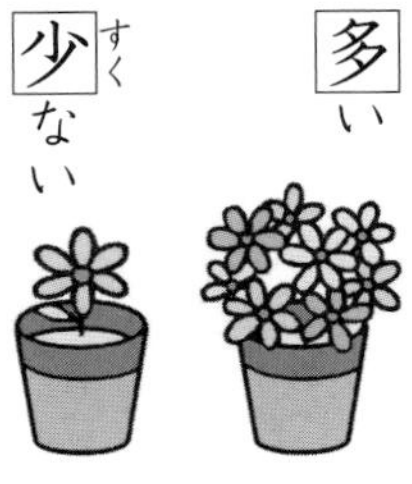

書きじゅん：1〜6

夕《ゆうべ》　た

6かく

車が多い

多くの人

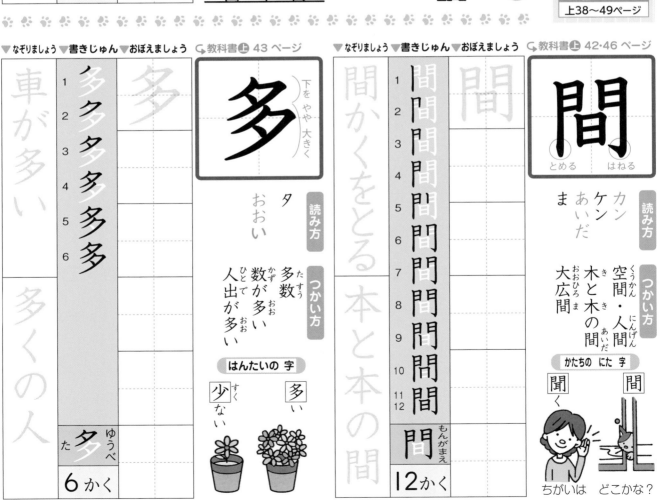

□月 □日

▼なぞりましょう ▼書きじゅん ▼おぼえましょう

教科書上 43 ページ

少

はねる

読み方 ショウ すくない すこし

つかい方
少年少女《しょうねんしょうじょ》
数《かず》が少《すく》ない
少《すこ》しだけ

いみの にた 字
少 ない
小 さい

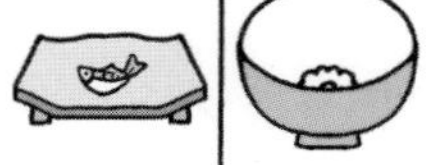

書きじゅん 1 2 3 4
少 しょう
4 かく

車が少ない
少ない人数

▼なぞりましょう ▼書きじゅん ▼おぼえましょう

教科書上 44 ページ

毛

下を ながく
はねる

読み方 モウ け

つかい方
毛布《もうふ》
わた毛《げ》
毛糸《けいと》をあむ

かたちの にた 字
毛 手

ちがいは どこかな？

書きじゅん 1 2 3 4
毛 け
4 かく

わた毛
毛虫がいる

▼なぞりましょう ▼書きじゅん ▼おぼえましょう

教科書上 44 ページ

当

出さない

読み方 トウ あてる あたる

つかい方
当番《とうばん》
くじが当《あ》たる
手当《てあ》てする

はんたいの 字
当 たる
外《はず》れる

書きじゅん 1 2 3 4 5 6
当 しょう
6 かく

風が当たる
日に当てる

▼なぞりましょう ▼書きじゅん ▼おぼえましょう

教科書上 46 ページ

時

わすれないで

読み方 ジ とき

つかい方
時間《じかん》
朝《あさ》の八時《はちじ》
時《とき》をつげる

ちゅうい
○時
×時
「目」では なく、「日」。気を つけて。

書きじゅん 1 2 3 4 5 6 7 8 9 10
日 ひへん
10かく

時がたつ
時間わり

月　日

▼なぞりましょう ▼書きじゅん ▼おぼえましょう

教科書 上 48ページ

科

とめる

読み方
カ

つかい方
教科書《きょうかしょ》
学校《がっこう》の科目《かもく》
科学《かがく》

かたちの にた 字
科　料《りょう》
（四年生で ならうよ。）

ちがいは どこかな？

書きじゅん：1 2 3 4 5 6 7 8 9

科 のぎへん
9かく

生活科
科学

▼なぞりましょう ▼書きじゅん ▼おぼえましょう

教科書 上 48ページ

活

つける

読み方
カツ

つかい方
生活科《せいかつか》
大活《だいかつ》やく
活気《かっき》がある

なかまの 字
☆ 氵が ある かん字
活　汽《き》
海《うみ》　池《いけ》

書きじゅん：1 2 3 4 5 6 7 8 9

活 さんずい
9かく

生活する
活ぱつな人

▼なぞりましょう ▼書きじゅん ▼おぼえましょう

教科書 上 49ページ

門

とめる　はねる

読み方
モン
◆かど

つかい方
家《いえ》の門《もん》
校門《こうもん》を出《で》る
門番《もんばん》がいる

でき方
もんの とびらを とじた 形《かたち》から できた。

書きじゅん：1 2 3 4 5 6 7 8

門 もん
8かく

せい門
門をあける

▼なぞりましょう ▼書きじゅん ▼おぼえましょう

教科書 上 49ページ

来

下をながく
とめる　はらう

読み方
ライ
くる
◆きたる
◆きたす

つかい方
来月《らいげつ》
バスが来《く》る
春《はる》が来《き》た

ちゅうい
「来《こ》ない」

「来《く》る」

「来《き》た」

下の 言い方に よって、読み方が かわるんだ。

書きじゅん：1 2 3 4 5 6 7

木 き
7かく

ふゆが来る
人が来る

月 日

読み方が あたらしい かん字

かん字	読み方	つかい方	まえに出た読み方
数	かぞえる	数字《すうじ》を数《かぞ》える	数字《すうじ》 数《かず》
文	モン	文字《もじ》を書《か》く	文《ぶん》しょう
正	ショウ	正月《しょうがつ》のあさ	正《ただ》しい 正《ただ》す
	セイ	正門《せいもん》でまつ	
女	ジョ	女子《じょし》せいと	女《おんな》の子《こ》
男	ダン	男子《だんし》とあそぶ	男《おとこ》の子《こ》
間	ケン	人間《にんげん》のからだ	間《あいだ》・時間《じかん》

かん字クイズ 1

思《おも》いうかべて いる かん字には、一つだけ、なかまはずれの 字が あります。その 字を 見つけて、○で かこみましょう。

答え12ページ

① 青 赤 白 円 水 金

② 目 耳 話 足 手 口

③ 竹 花 草 声 木 空

ぴったり2 れんしゅう

はたらく 人に 話を 聞こう
たんぽぽ
かん字を つかおう2

月　　日

1 かん字を 読みましょう。

① 声が 聞（　）こえる。

② 何（　）か のみますか。

③ ともだちの 考（　）え。

④ 夜（　）の やみ。

⑤ りょこうで るすの 間（　）。

⑥ 本を 数（　）える。

⑦ みどりが 多（　）い。

2 □に かん字を 書きましょう。

① 話を □《き》く。

② 足音を □《き》いた。

③ □《なに》か たべる。

④ □《なん》□《じ》か たしかめる。

⑤ こたえを □《かんが》える。

⑥ □《よる》に 雨が ふる。

⑦ かべと つくえの □《あいだ》。

⑧ あつい 日が □《おお》い。

⑨ 人数が □《すく》ない。

⑩ たんぽぽの わた□《げ》。

⑪ まとに □《あ》てる。

⑫ □《じ》□《かん》が すぎた。

教科書 上34〜49ページ
答え 3ページ

月　日

ぴったり2 れんしゅう

はたらく 人に 話を 聞こう
たんぽぽ
かん字を つかおう2

教科書 上34～49ページ
答え 3ページ

1 かん字を 読みましょう。

① ごはんが 少ない。（　）
② かみの 毛が のびる。（　）
③ くじが 当たる。（　）
④ 時を つげる かねの 音。（　）
⑤ 生活科を まなぶ。（　）
⑥ 活気が ある クラス。（　）
⑦ 来月の よてい。（　）

2 □に かん字を 書きましょう。

① あさの □《はち》□《じ》。
② □《とき》が たつ。
③ まい日の □《せい》□《かつ》。
④ □《かつ》やくする
⑤ 教《きょう》□《か》書を 読む。
⑥ 先生が いえに □《く》る。

⑦ □《らい》□《ねん》の よてい。
⑧ 正しい □《も》□《じ》を 書く。
⑨ お□《しょう》□《がつ》を むかえる。
⑩ □《もん》を あける。
⑪ 七人の □《だん》□《じょ》。
⑫ □《にん》□《げん》の からだ。

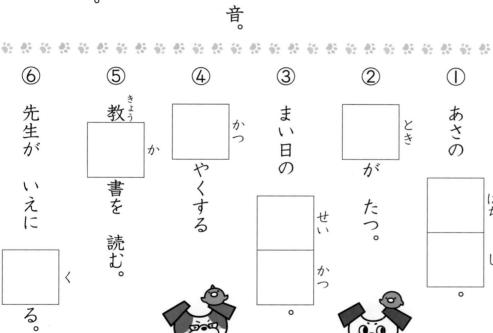

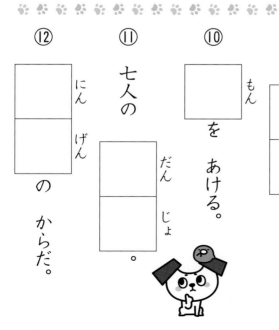

月　日

ぴったり1 じゅんび

かんさつした ことを 書こう
かたかなで 書く ことば

教科書 上50～55ページ

あたらしく 学しゅうする かん字

回 高 黄 色 外 国 地 前

▼なぞりましょう ▼書きじゅん ▼おぼえましょう 教科書上 50 ページ

回

さいごに書く

読み方
カイ
まわる
まわす
◆エ

つかい方
回《かい》らんする
目《め》が回《まわ》る
こまを回《まわ》す

でき方

ぐるぐる 回る うずまきの 形《かたち》から できた。

書きじゅん：1 2 3 4 5 6

回 くにがまえ
6かく

かたを回す
見て回る

▼なぞりましょう ▼書きじゅん ▼おぼえましょう 教科書上 50 ページ

黄

ながく
つき出す

読み方
オウ
き
◆コウ
◆こ

つかい方
黄金《おうごん》
黄色《きいろ》い花《はな》
黄《き》みどり

ちゅうい
○黄 ×黄
形《かたち》に 気を つけて 書こう。

書きじゅん：1 2 3 4 5 6 7 8 9 10 11

黄 き
11かく

黄色い糸
黄しんごう

▼なぞりましょう ▼書きじゅん ▼おぼえましょう 教科書上 51 ページ

高

とめる　はねる

読み方
コウ
たかい
たか
たかまる
たかめる

つかい方
高原《こうげん》のあさ
せいが高《たか》い
高《たか》まる

でき方

たかい ところに たって いる いえの 形《かたち》から できた。

書きじゅん：1 2 3 4 5 6 7 8 9 10

高 たかい
10かく

高いねだん
高さくらべ

月　日

▼なぞりましょう ▼書きじゅん ▼おぼえましょう　教科書上 51 ページ

色

はねる

読み方
ショク
シキ
いろ

つかい方
二色《にしょく》ずり
色紙《しきし》(いろがみ)
色《いろ》えんぴつ

いみ
黄色、赤色、青色、白色……。「いろ」はいろいろだなあ。

書きじゅん：1 色　2 色　3 色　4 色　5 色　6 色

色《いろ》

6かく

なぞりましょう：色をつける　あかるい色

▼なぞりましょう ▼書きじゅん ▼おぼえましょう　教科書上 54 ページ

外

出さない　とめる

読み方
ガイ
そと・ほか
はずす
はずれる
◆ゲ

つかい方
外国《がいこく》へ行《い》く
外《そと》へ出《で》る
戸《と》を外《はず》す

はんたいの 字

内《うち》　外

書きじゅん：1 ノ　2 ク　3 夕　4 外　5 外

夕《たゆうべ》

5かく

なぞりましょう：外国に行く　外しゅつする

▼なぞりましょう ▼書きじゅん ▼おぼえましょう　教科書上 54 ページ

国

わすれないで　ながめに

読み方
コク
くに

つかい方
国語《こくご》
外国《がいこく》へ行《い》く
雪国《ゆきぐに》の町《まち》

ちゅうい
×国　○国
「、」を わすれない ように しましょう。

書きじゅん：1 丨　2 冂　3 冂　4 国　5 国　6 国　7 国　8 国

囗《くにがまえ》

8かく

なぞりましょう：国王になる　国ごの本

▼なぞりましょう ▼書きじゅん ▼おぼえましょう　教科書上 54 ページ

地

ながめに　はねる

読み方
チ　ジ

つかい方
地図《ちず》を見《み》る
地《ち》きゅう
地面《じめん》をほる

くみに なる 字

天　地

書きじゅん：1 一　2 十　3 土　4 地　5 地　6 地

土《つちへん》

6かく

なぞりましょう：外国の地名　地きゅう

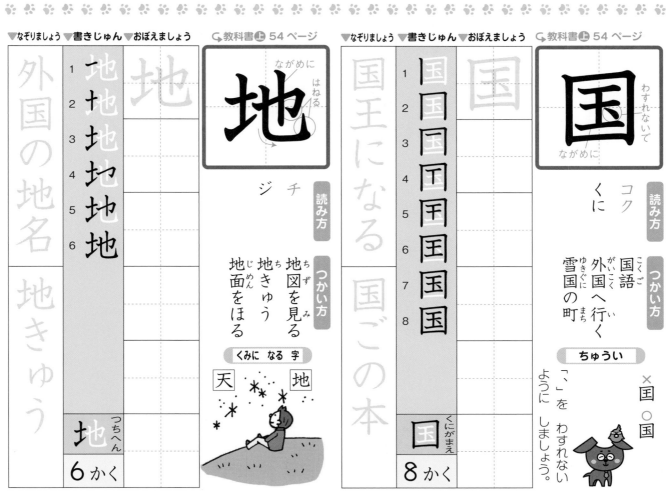

　月　　日

教科書上 54ページ

前

とめる　はねる

読み方
ゼン
まえ

つかい方
午前中《ごぜんちゅう》
学校《がっこう》の前《まえ》
前《まえ》むき

はんたいの字
後《うし》ろ　前

書きじゅん 1 2 3 4 5 6 7 8 9

前　りっとう

9かく

前

名前を書く

前とうしろ

おなじ　読み方を　する　かん字

日・火　子・小

どちらも　つかい分けが　まぎらわしい　字ですが、おぼえていきましょう。「夏《なつ》に　火《ひ》やけした」などと　書かないように。「日《ひ》やけ」が　正しいです。「子《こ》犬」と「小《こ》犬」の　くべつも、できるように　しましょう。

とくべつな　読み方を　する　ことば

ことば	読み方	つかい方
一人	ひとり	一人《ひとり》であそぶ
二人	ふたり	二人《ふたり》で話《はな》す
大人	おとな	大人《おとな》と子《こ》ども

人数を　数えるときの
とくべつな　読み方　だよ。

月　日

ぴったり2 れんしゅう

かんさつした ことを 書こう
かたかなで 書く ことば

1 かん字を 読みましょう。

① 目が 回る。（　）
② 高い たてもの。（　）
③ 外国へ 行く。（　）
④ いちばん 前の せき。（　）
⑤ 一人しか いない。（　）
⑥ 二人で 話す。（　）
⑦ 大人に なる。（　）

2 □に かん字を 書きましょう。

① こまを □《まわ》す。
② 気ぶんが □《たか》まる。
③ □《き》みどりの 花が さく。
④ あざやかな □《いろ》だ。
⑤ □《がい》□《こく》□《じん》が 来る。
⑥ □《こく》□《めい》を おぼえる。

⑦ みどりの □《だい》□《ち》。
⑧ へやの □《まえ》で まつ。
⑨ こうかを □《たか》める。
⑩ みの □《まわ》りの ようす。
⑪ はしり □《たか》とびを する。
⑫ □《がい》□《こく》で くらす。

教科書 上50～55ページ
答え 3ページ

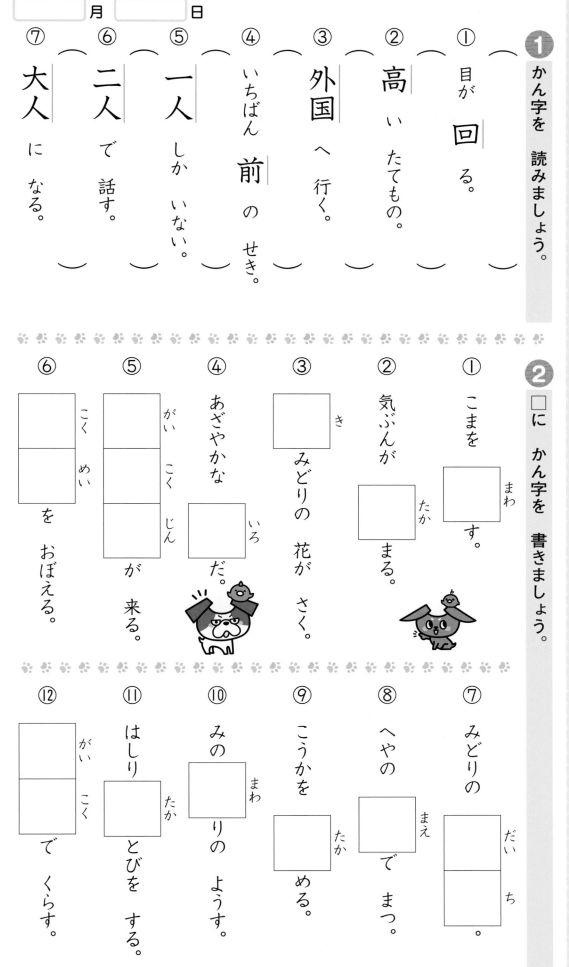

月　日

ぴったり1

じゅんび

名前を　見て　ちょうだい

教科書 上56〜72ページ

☆ あたらしく　学しゅうする　かん字

野　原　頭　答　牛　場　会　思

▼なぞりましょう ▼書きじゅん ▼おぼえましょう　教科書上59ページ

野

わすれないで　はねる

読み方
ヤ
の

つかい方
野《や》きゅう
野原《のはら》を行《い》く
野《の》ばら

いみの にた 字
野　野原・あれ野
原　原っぱ・草原《そうげん》

書きじゅん：1〜11
野　さとへん
11かく

野山を行く
野の花

▼なぞりましょう ▼書きじゅん ▼おぼえましょう　教科書上59ページ

原

とめる　はらう　はねる

読み方
ゲン
はら

つかい方
広い草原《そうげん》
草原《くさはら》の中《なか》
原《はら》っぱ

い み
①もと
「原し人」「原いん」
②のはら
「草原」「原っぱ」

書きじゅん：1〜10
原　がんだれ
10かく

原っぱ
ひろい野原

▼なぞりましょう ▼書きじゅん ▼おぼえましょう　教科書上60ページ

頭

ななめに　とめる

読み方
トウ
ズ
あたま
◆ト
◆かしら

つかい方
先頭《せんとう》に立《た》つ
頭《ず》つう
頭《あたま》を下《さ》げる

い み
頭と顔《かお》の頁（おおがい）は、人の あたまの 形《かたち》を あらわす。

書きじゅん：1〜16
頭　おおがい
16かく

くぎの頭
頭をひやす

月　日

▼なぞりましょう ▼書きじゅん ▼おぼえましょう　教科書上 60ページ

答

はらう　はらう

読み方
トウ
こたえる
こたえ

つかい方
返答《へんとう》する
答《こた》える声《こえ》
答《こた》えを出《だ》す

くみに なる 字
答える と 問う
（三年生で ならうよ。）

書きじゅん 1〜12
答 たけかんむり
12かく

答えあわせ
答えなさい

▼なぞりましょう ▼書きじゅん ▼おぼえましょう　教科書上 62ページ

牛

つき出す
下をながく

読み方
ギュウ
うし

つかい方
牛《ぎゅう》にゅう
牛肉《ぎゅうにく》を買《か》う
母牛《ははうし》と子牛《こうし》

でき方
うしの 頭の 形《かたち》から できた。

牛

書きじゅん 1〜4
牛 うし
4かく

牛とうま
牛をかう

▼なぞりましょう ▼書きじゅん ▼おぼえましょう　教科書上 70ページ

場

はねる　はらう

読み方
ジョウ
ば

つかい方
入場行進《にゅうじょうこうしん》
子《こ》ども広場《ひろば》
あそび場所《ばしょ》

いみ
①ばしょ
「広場《ひろば》」「市場《いちば》」「会場《かいじょう》」
②とき
「場合《ばあい》」

書きじゅん 1〜12
場 つちへん
12かく

ひろ場
場しょ

▼なぞりましょう ▼書きじゅん ▼おぼえましょう　教科書上 70ページ

会

つける　とめる

読み方
カイ
あう
◆エ

つかい方
学級会《がっきゅうかい》
会話《かいわ》する
友人《ゆうじん》に会《あ》う

いみ
①であう
「人と 会う」
「会話《かいわ》」
②あつまり
「学級《がっきゅう》会」
「うんどう会」

書きじゅん 1〜6
会 ひとやね
6かく

学きゅう会
えんそう会

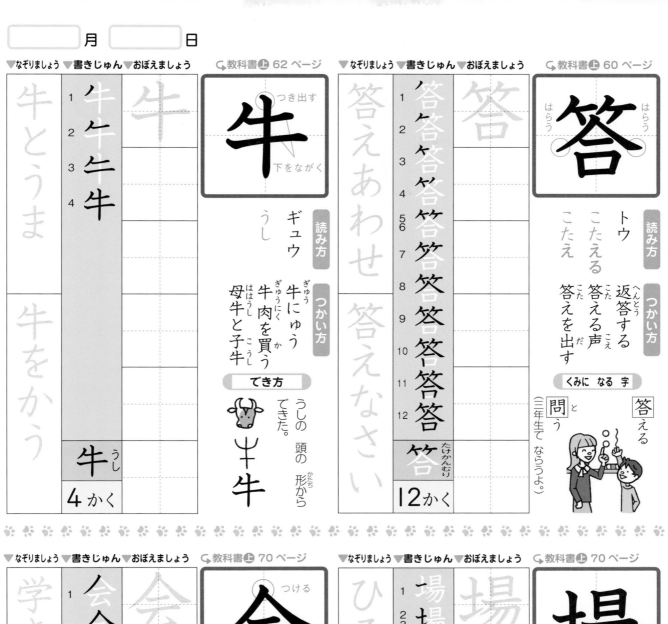

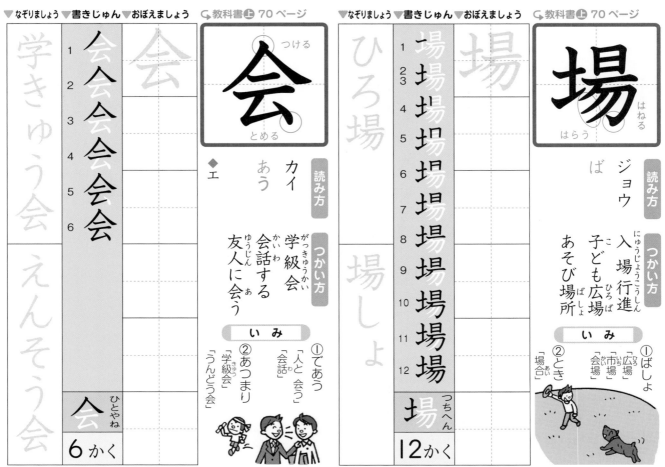

月　　日

▼なぞりましょう ▼書きじゅん ▼おぼえましょう　教科書上 71 ページ

思

とめる　はねる

読み方

シ
おもう

つかい方

思考《しこう》する
思《おも》い出《で》
思《おも》いきり

いみ

「心《こころ》」が 下に あるのは、「こころ」で 「おもう」からだね。

書きじゅん：1 2 3 4 5 6 7 8 9　思

思（こころ）　9かく

思ったこと
思いどおり

おなじ 読み方を する かん字

合《あ》う　会う

どちらも 「あう」と 読み、つかい分けに ちゅういが ひつような かん字です。
「合う」は 「話し合う」、「ぴったり 合う」などと つかい、「会う」は 「友《とも》だちと 会う」、「先生と 会う」などと つかいます。
つかい方を おぼえておきましょう。

読み方が あたらしい かん字

かん字	方	当	下	下	間	気	空	風	元
読み方	ホウ	トウ	おろす	おりる	ま	ケ	クウ	フウ	もと
つかい方	よい方《ほう》をとる	当《とう》ばんになる	手《て》を下《お》ろす	山《やま》から下《お》りる	間《ま》をとる	はるの気《け》はい	空《くう》気《き》をすう	山《やま》の風《ふう》けい	元《もと》の場《ば》しょ
前に出た読み方	おり方《かた》	当《あ》てる	下《した》 上《じょう》下《げ》		本《ほん》の間《あいだ》 時間《じかん》 人間《にんげん》	気《き》もち	空《そら》・空《あ》く 空《あ》ける	風《かぜ》	元《げん》気《き》

　　月　　日

ぴったり2 れんしゅう

名前を 見て ちょうだい

教科書 上56～72ページ
答え 4ページ

1 かん字を 読みましょう。

① 野山を 行く。（　　）

② 原っぱで あそぶ。（　　）

③ 先生の 方を 見る。（　　）

④ クイズに 頭を ひねる。（　　）

⑤ といに 答える。（　　）

⑥ 本当の ことを 話す。（　　）

⑦ 牛や うまを かう。（　　）

2 □に かん字を 書きましょう。

① □《の》に さく 花。

② □《の》□《はら》へ 行く。

③ 学校が ある □《ほう》。

④ □《あたま》を つかって 考える。

⑤ もんだいの □《こた》え。

⑥ しつもんに □《こた》える。

⑦ そうじ □《とう》ばんに なる。

⑧ □《うし》が あるく。

⑨ かいだんを □《お》りる。

⑩ 手を □《お》ろす。

⑪ □《ま》を とる。

⑫ さむ□《け》が する。

ぴったり2 れんしゅう

名前を 見て ちょうだい

1 かん字を 読みましょう。

①（　　）さかを 下りる。

②（　　）間もなく はじまる。

③（　　）しめり気が 多い。

④（　　）ごはんの 前は 空ふくだ。

⑤（　　）元に もどる。

⑥（　　）子どもの あそび場。

⑦（　　）うれしく 思う。

2 □に かん字を 書きましょう。

① □《くう》□《き》を すいこむ。

② □《ふう》せんが とぶ。

③ □《もと》の すがた。

④ すな□《ば》で あそぶ。

⑤ ともだちと □《あ》う。

⑥ たのしいと □《おも》う。

⑦ □《あたま》を まもる。

⑧ イベントの □《とう》日《じつ》。

⑨ 子□《うし》が 生まれる。

⑩ □《ふう》□《しゃ》が 回る。

⑪ まちあわせの □《ば》しょ。

⑫ □《おも》い出を ふりかえる。

教科書 上56～72ページ
答え 4ページ

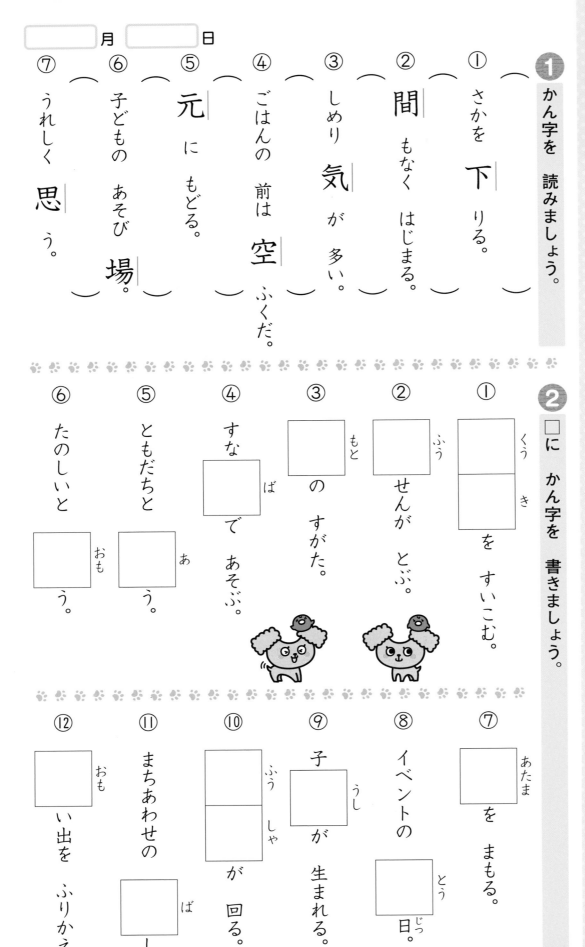

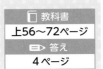

月　日

ぴったり1 じゅんび

かん字を つかおう3 じゅんじょ

教科書 上73～75ページ

あたらしく 学しゅうする かん字

今　社　親　友　明　計　算

なぞりましょう　書きじゅん　おぼえましょう　教科書上 73 ページ

今（つける・はらう・はらう）

読み方：コン　いま　◆キン

つかい方：今月《こんげつ》　今《いま》まで　今《いま》とむかし

かたちの にた 字：今　合《あ》う

ちがいは どこかな？

書きじゅん：1 ノ　2 人　3 今　4 今

今（ひとやね）　4かく

なぞりましょう：今から行く　今すぐに　今まで　たった今

なぞりましょう　書きじゅん　おぼえましょう　教科書上 73 ページ

社（ながく・とめる）

読み方：シャ　やしろ

つかい方：会社《かいしゃ》づとめ　明《あか》るい社会《しゃかい》　古《ふる》い社《やしろ》

いみ
①人の あつまり「会社」「社会」
②おみや「じん社」「古《ふる》い 社」

書きじゅん：1〜7

社（しめすへん）　7かく

なぞりましょう：会社を出る　社会のため

なぞりましょう　書きじゅん　おぼえましょう　教科書上 73 ページ

親（みじかくとめる・はねる）

読み方：シン　おや　したしい　したしむ

つかい方：親友《しんゆう》になる　かもの親子《おやこ》　本《ほん》に親《した》しむ

くみに なる 字：親　子

書きじゅん：1〜16

親（みる）　16かく

なぞりましょう：親しくする　森に親しむ

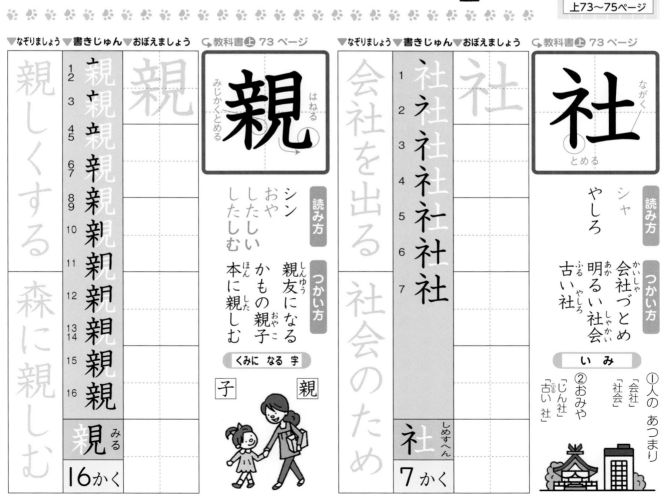

月　日

▼なぞりましょう ▼書きじゅん ▼おぼえましょう 教科書上 73ページ

友

はらう

読み方
ユウ
とも

つかい方
友人《ゆうじん》が多《おお》い
親友《しんゆう》になる
友《とも》だち

かたちの にた 字
左　友

ちがいは どこかな？

1 2 3 4

友 また

4かく

友だち
親しい友

▼なぞりましょう ▼書きじゅん ▼おぼえましょう 教科書上 73ページ

明

小さく　はらう　はねる

読み方
メイ・ミョウ
あかり・あかるい
あかるむ
あからむ
あきらか・あける
あく・あくる
あかす

つかい方
発明《はつめい》する
明《あか》るい光《ひかり》
夜《よ》が明《あ》ける

はんたいの 字
明るい
暗《くら》い
(三年生で ならうよ。)

1 2 3 4 5 6 7 8

明 ひへん

8かく

明るいへや
空が明らむ

▼なぞりましょう ▼書きじゅん ▼おぼえましょう 教科書上 73ページ

計

たてにながく

読み方
ケイ
はかる
はからう

つかい方
数《かず》の合計《ごうけい》
時間《じかん》を計《はか》る
とり計《はか》らう

なかまの 字
語 記 計
話
読

☆ 言 が ある かん字

1 2 3 4 5 6 7 8 9

計 ごんべん

9かく

計画を立てる
会計がかり

▼なぞりましょう ▼書きじゅん ▼おぼえましょう 教科書上 73ページ

算

ながく　はらう　とめる

読み方
サン

つかい方
国語《こくご》と算数《さんすう》
数《かず》の計算《けいさん》
足《た》し算《ざん》

い み
むかしは 竹の ぼうを つかって 計算したので、⺮(たけかんむり)が あるよ。

1 2 3 4~6 7 8 9 10 11 12 13 14

算 たけかんむり

14かく

算数の時間
計算する

月　日

読み方が　あたらしい　かん字

かん字	読み方	つかい方	前に 出た 読み方
会	カイ	えんそう会《かい》	会《あ》う
見	ケン	学校見学《がっこうけんがく》	見《み》る
休	キュウ	休日《きゅうじつ》をすごす	休《やす》む
日	ジツ	休みの前日《ぜんじつ》	日《ひ》にち 日《にち》ようび 三日《みっか》
言	ゲン	むかしの名言《めいげん》	言《い》う
	こと	ひとり言《ごと》	
生	なま	生《なま》たまご	先生《せんせい》 生《い》きる 生《う》む 生《は》える

かん字クイズ 2

なぞなぞを　出すよ。よく　考えて　答《こた》えよう。

答え 12ページ

① 「木の　そばに　立って　見て　いるのは、だれ?」

□

② 「お日さまと　お月さまが　いっしょに　出ると、どうなる?」

□るくなる

③ 口の　中に　玉を　入れたら、ここは　どこ?

□

ぴったり1 じゅんび

こんな ことを して いるよ 話そう、二年生の わたし

教科書 上76〜85ページ

あたらしく 学しゅうする かん字

組　家　自　心　教

教科書上 76 ページ

組（りょうがわに出す）

読み方：ソ　くむ　くみ

つかい方：組《そ》しき　組《く》み合《あ》わせ　同《おな》じ組《くみ》

ちゅうい

「組み立て」などは おくりがなが ついて、「二年一組」などは つかないよ。

書きじゅん：1〜11　組（いとへん）　11かく

なぞりましょう：組み立て　足を組む　ひもを組む　とり組む

教科書上 76 ページ

家（はねる）

読み方：カ・ケ　いえ　や

つかい方：画家《がか》・家来《けらい》　家《いえ》をたてる　家《や》ちん

でき方

家は ぶたの 形《かたち》。たいせつな かちくを かう いえを あらわす。

書きじゅん：1〜10　家（うかんむり）　10かく

なぞりましょう：家のちかく　わたしの家

教科書上 78 ページ

自（ななめに）

読み方：ジ　シ　みずから

つかい方：自分《じぶん》のこと　自然《しぜん》ほご　自《みずか》ら行《おこな》う

かたちの にた 字

白　自

ちがいは どこかな？

書きじゅん：1〜6　自（みずから）　6かく

なぞりましょう：自分の話　自しゅう

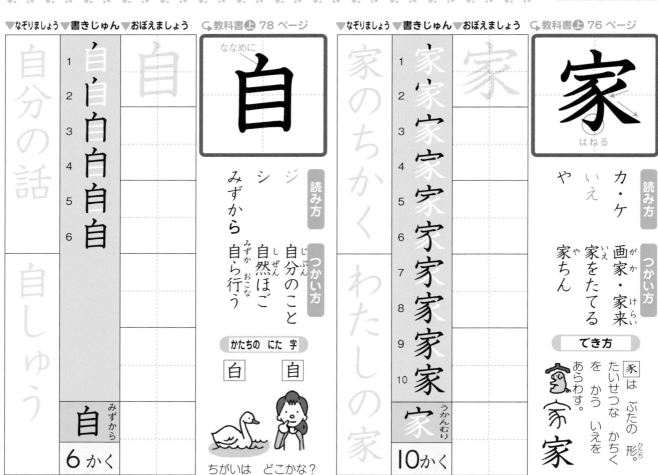

月　日

▼なぞりましょう ▼書きじゅん ▼おぼえましょう 教科書上 82ページ

心

とめる　はねる

読み方
シン
こころ

つかい方
町《まち》の中心《ちゅうしん》
やさしい心《こころ》
心《こころ》がけ

でき方
しんぞうの 形《かたち》から
できた。

心《こころ**》**
4かく

書きじゅん：1 2 3 4

心ぼそい
心をこめる

▼なぞりましょう ▼書きじゅん ▼おぼえましょう 教科書上 83ページ

教

はねる　はらう

読み方
キョウ
おしえる
おそわる

つかい方
教科書《きょうかしょ》
教《おし》え方《かた》
人《ひと》に教《おそ》わる

いみ

攵《のぶん》（ぼくづくり）
11かく

書きじゅん：1 2 3 4 5 6 7 8 9 10 11

字を教える
字を教わる

読み方が あたらしい かん字

かん字	読み方	つかい方	前に 出た 読み方
分	ブン	自分《じぶん》の名前《なまえ》	分《わ》ける
行	ギョウ	三行《さんぎょう》で書《か》く	行《い》く

はんたいの いみの ことば

少　小

「少ない」「小さい」の はんたいの いみの ことばは それぞれ 何か、分かりますか。

「少ない」の はんたいは 「多い」です。また、「小さい」の はんたいは 「大きい」です。

「多い」、「少ない」は ものの りょうに たいして つかいます。「大きい」、「小さい」は ものの 大きさに たいして つかいます。

・「人数が 多い。」―「人数が 少ない。」
・「かばんが 大きい。」―「かばんが 小さい。」

つかい分けられるように して おきましょう。

かん字を つかおう3／じゅんじょ こんな ことを して いるよ 話そう、二年生の わたし

教科書 上73～85ページ
答え 4ページ

月　日

1 かん字を 読みましょう。

① 会社 に 行く。

② こうじょうを 見学 する。

③ 本に 親 しむ。

④ 休日 を すごす。

⑤ せつ 明 書 を 読む。

⑥ ひとり 言 を いう。

⑦ 計算 を する。

2 □に かん字を 書きましょう。

① □《いま》にも 雨が ふりそうだ。

② □《しゃ》□《かい》に 出る。

③ □《おや》と 出かける。

④ てん校生と □《した》しくなる。

⑤ □《とも》だちと 出かける。

⑥ □《あか》るい せいかく。

⑦ むかしの □《めい》□《げん》。

⑧ □《けい》□《かく》を 立てる。

⑨ □《さん》□《すう》が とくいだ。

⑩ やさいを □《なま》で たべる。

⑪ 空が □《あか》らむ。

⑫ かげで □《きゅう》けい する。

月　日

ぴったり2 れんしゅう

かん字を つかおう3／じゅんじょ　こんな ことを して いるよ　話そう、二年生の わたし

教科書 上73〜85ページ
答え 4ページ

1 かん字を 読みましょう。

① 二つを 組（　）みあわせる。

② 家（　）の 中を さがす。

③ 自（　）しんを もつ。

④ ふくろの ぶ 分（　）。

⑤ 心（　）の 中で 思う。

⑥ 行数（　）を 数える。

⑦ 名前を 教（　）える。

2 □に かん字を 書きましょう。

① 木を □《く》み立てる。

② □《いえ》に かえる。

③ □□《じぶん》の もちもの。

④ □《こころ》が はずむ。

⑤ 文の 一□《ぎょう》目。

⑥ 先生に □《おそ》わる。

⑦ □□《かいしゃ》で はたらく。

⑧ みせを □□《けんがく》する。

⑨ せつ□《めい》文を 読む。

⑩ すきな □《こと》ば。

⑪ □《じ》てん車に のる。

⑫ □《こころ》に のこる。

月　　日

ぴったり1 じゅんび

どうぶつ園《えん》の かんばんと ガイドブック

教科書 上86〜96ページ

あたらしく 学しゅうする かん字

園 知 体 長 太 肉 同

あせらずに、ゆっくりと れんしゅうしましょう！

▼なぞりましょう ▼書きじゅん ▼おぼえましょう　教科書上 88 ページ

園（下をながく／とめる）

読み方：エン　◆その

つかい方：公園《こうえん》へ行《い》く　どうぶつ園《えん》　ようち園《えん》

いみ：園や国の口（くにがまえ）は、かこいをあらわすよ。

書きじゅん：1〜13　園（くにがまえ）　13かく

なぞりましょう：ほいく園　ゆう園地

▼なぞりましょう ▼書きじゅん ▼おぼえましょう　教科書上 88 ページ

知（出さない／とめる／はらう）

読み方：チ　しる

つかい方：知人《ちじん》に会《あ》う　知《し》らせる　もの知《し》り

でき方：矢《や》と口で、やのように言いあてる「ちえ」をあらわす。

書きじゅん：1〜8　知（やへん）　8かく

なぞりましょう：もの知り　知りあい

▼なぞりましょう ▼書きじゅん ▼おぼえましょう　教科書上 89 ページ

体（はらう／とめる）

読み方：タイ　からだ　◆テイ

つかい方：体力《たいりょく》　大《おお》きな体《からだ》　体《からだ》つき

かたちの にた 字：休む　体

ちがいは どこかな？

書きじゅん：1〜7　体（にんべん）　7かく

なぞりましょう：体が大きい　人の体

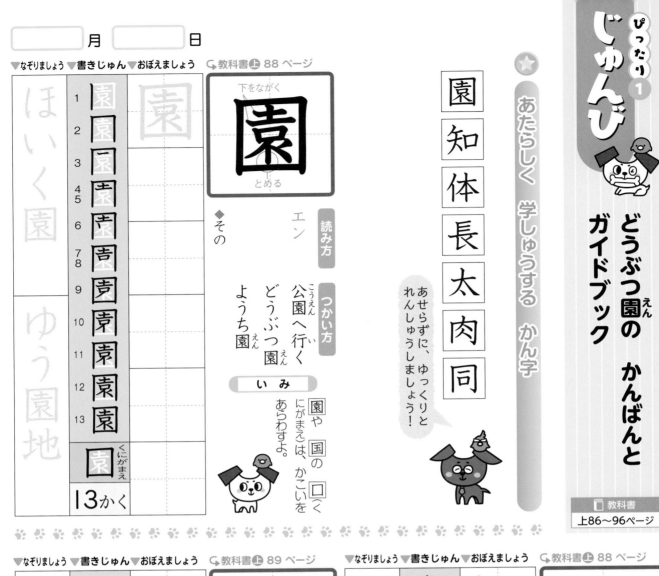

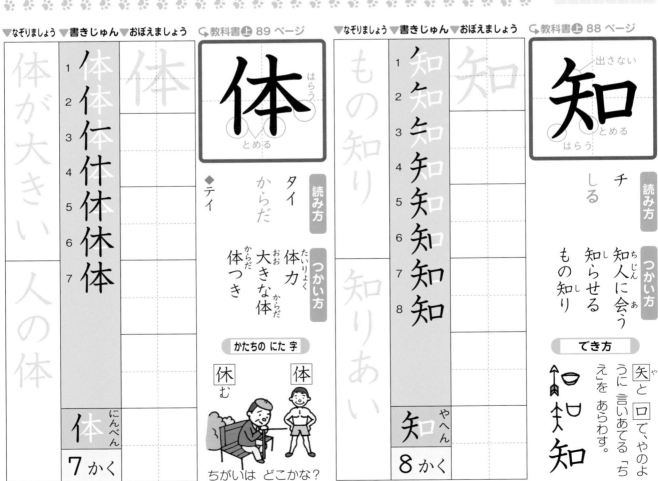

月　日

▼なぞりましょう ▼書きじゅん ▼おぼえましょう　教科書上 89 ページ

太

わすれないで

読み方
タイ・タ
ふとい
ふとる

つかい方
太陽《たいよう》・丸太《まるた》
太《ふと》いえだ
犬《いぬ》が太《ふと》る

いみの にた 字

ちがいは どこかな？

書きじゅん：1 一　2 ナ　3 大　4 太

大《だい》

4 かく

太らせる
太った犬

▼なぞりましょう ▼書きじゅん ▼おぼえましょう　教科書上 89 ページ

長

長く

読み方
チョウ
ながい

つかい方
校長先生《こうちょうせんせい》
長所《ちょうしょ》
かみが長《なが》い

はんたいの 字

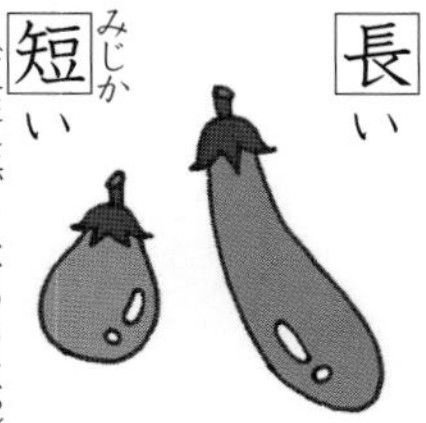

（三年生で ならうよ。）

書きじゅん：1〜8

長《ながい》

8 かく

長い時間
足が長い

▼なぞりましょう ▼書きじゅん ▼おぼえましょう　教科書上 94 ページ

同

とめる　はねる

読み方
ドウ
おなじ

つかい方
同級生《どうきゅうせい》
同点《どうてん》になる
同《おな》じ考《かんが》え

ちゅうい

○同　×同
形《かたち》に 気を つけて 書こう。

書きじゅん：1〜6

口《くち》

6 かく

同じ色
同じ大きさ

▼なぞりましょう ▼書きじゅん ▼おぼえましょう　教科書上 93 ページ

肉

つき出す
とめる　はねる

読み方
ニク

つかい方
肉屋《にくや》さん
ぶた肉《にく》
肉《にく》をたべる

でき方

きりとった にくの かたまりの 形《かたち》から できた。

書きじゅん：1〜6

肉《にく》

6 かく

肉をやく
肉りょうり

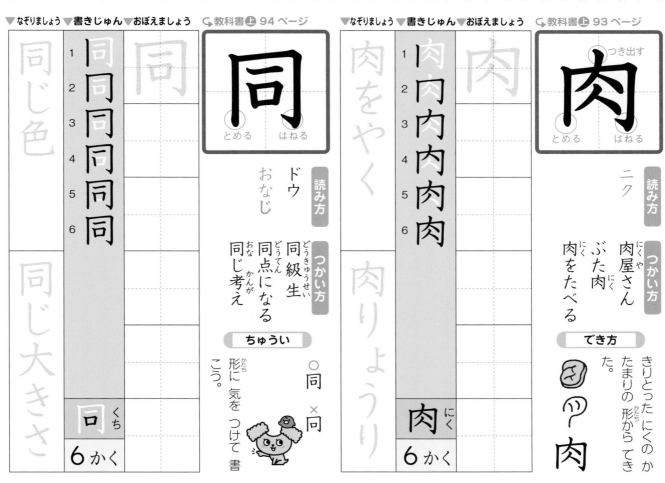

月　　日

読み方が　あたらしい　かん字

かん字	読み方	つかい方	前に 出た 読み方
草	ソウ	ざっ草《そう》をぬく	草《くさ》を　かる
原	ゲン	ひろい草原《そうげん》	野原《のはら》
森	シン	森林《しんりん》の中《なか》	森《もり》
林	リン	森林《しんりん》ばっさい	林《はやし》の　中《なか》
下	さげる	はたを下《さ》げる	木《き》の　下《した》　上下《じょうげ》
下	さがる	ねつが下《さ》がる	下《お》りる

「下げる」「下がる」の　はんたいの　ことばは、「上げる」「上がる」だよ。

かん字クイズ 3

右の　かん字は、いちぶが　かくされて　いますが、「雨」と　いう　字だと　わかりますね。つぎの　かん字も、しっかり　見分けましょう。

答え12ページ

①

②

③

④
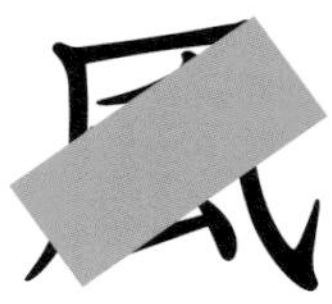

⑤

⑥
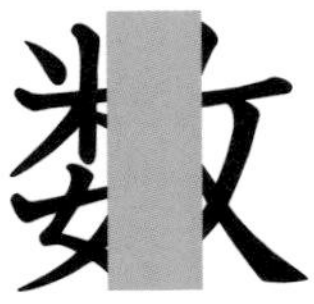

□月□日

ぴったり2 れんしゅう

どうぶつ園の かんばんと ガイドブック

1 かん字を 読みましょう。

① 知りあいに 会う。（　　）

② 人間の 体。（　　）

③ 太い 木の みき。（　　）

④ 草しょく どうぶつ。（　　）

⑤ 森林で すごす。（　　）

⑥ ねつが 下がる。（　　）

⑦ 同じ 読みの かん字。（　　）

2 □に かん字を 書きましょう。

① こう□《えん》に あつまる。

② □《なが》さを くらべる。

③ うつくしい □《そう》□《げん》。

④ 竹《ちく》□《りん》に すむ。

⑤ 手を □《さ》げる。

⑥ 気おんが □《さ》がる。

⑦ お□《にく》を たべる。

⑧ きのうと □《おな》じ ふく。

⑨ くわしく □《し》る。

⑩ じょうぶな □《からだ》を 作る。

⑪ □《げん》やを はしる。

⑫ おいしい □《にく》りょうり。

教科書 上86〜96ページ
答え 5ページ

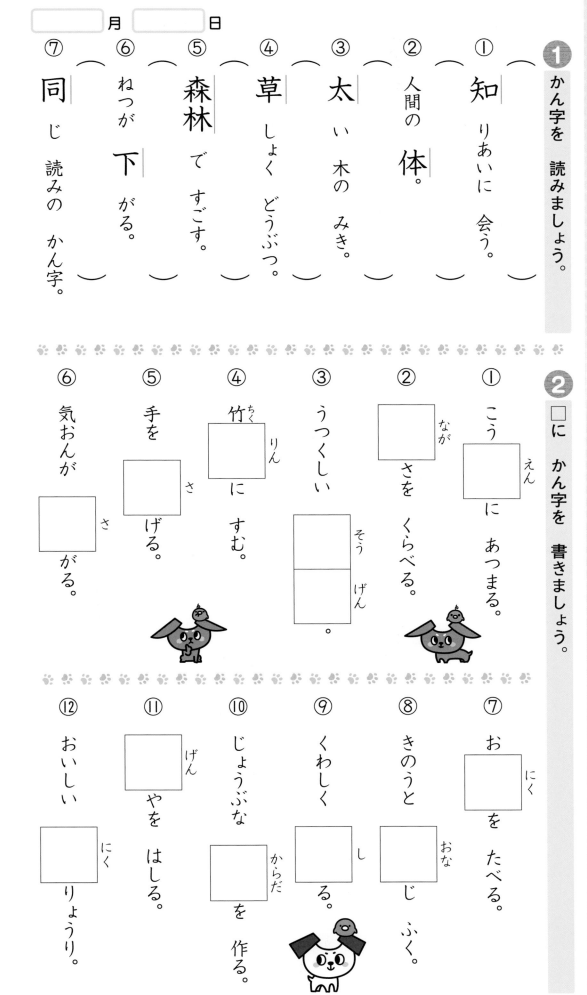

なつの チャレンジテスト

時間 30分
／100
ごうかく 80点

教科書 上14～96ページ
答え 5ページ

1 ――せんの かん字の 読みがなを 書きましょう。 一つ2点(22点)

① ていねいに 字を 書（　）く。
② 本を 読（　）んで はじめて 知（　）った。
③ うでを 組（　）んで じっくりと 考（　）える。
④ 野原（　）で おおくの 牛（　）が 草をたべる。
⑤ 黄色（　）い たんぽぽと わた毛（　）。
⑥ 友だちの 家（　）までの みちじゅんを 教（　）わる。

2 赤い ぶぶんを さいしょに 書く かん字には、〇を つけましょう。そうではない かん字には、×を つけましょう。 一つ2点(24点)

① 書（　）
② 友（　）
③ 当（　）
④ 来（　）
⑤ 原（　）
⑥ 回（　）
⑦ 地（　）
⑧ 声（　）
⑨ 心（　）
⑩ 門（　）
⑪ 丸（　）
⑫ 点（　）

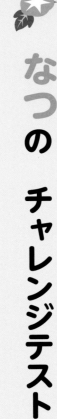

月　日

3 上の ことばと はんたいの いみの ことばを、かん字を つかって 書きましょう。 一つ3点(24点)

① ひくい ― □い

② ほそい ― □い

③ くらい ― □るい

④ 少ない ― □い

⑤ みじかい ― □い

⑥ うしろ ― □(まえ)

⑦ ひる ― □(よる)

⑧ 心 ― □(からだ)

4 つぎの □に、かん字を 書きましょう。 一つ3点(30点)

① そよ□《かぜ》が ふく。

② □《せん》ろが 見える。

③ 広《ひろ》い すな□《ば》。

④ ぶた□《にく》を かう。

⑤ すぐに □《こた》える。

⑥ おとぎ□《ばなし》

⑦ □《かい》□《しゃ》に つとめる。

⑧ □《じ》□《ぶん》の 力で する。

⑨ □《がい》□《こく》の ふね。

⑩ □《おや》□《こ》の きずな。

ぴったり1 じゅんび

みんなで 話し合おう ニャーゴ かん字を つかおう4

教科書 上112〜131ページ

月　日

☆あたらしく 学しゅうする かん字

合 楽 雪 顔 食 歩 走 止 弟 妹 万 切 才 語 台

ちょうせん しましょう！

▼なぞりましょう ▼書きじゅん ▼おぼえましょう　教科書上 112 ページ

合

つける

読み方
ゴウ・ガッ
カッ
あう
あわす
あわせる

つかい方
会合《かいごう》・合体《がったい》
話《はな》し合《あ》う
話《はなし》を合《あ》わす

でき方
ふたを かぶせて、ぴったり あわせる 形《かたち》から できた。

書きじゅん：1 丿 2 亼 3 亼 4 今 5 合 6 合

合《くち》　6かく

気が合う　わかり合う　言い合い　合いことば

▼なぞりましょう ▼書きじゅん ▼おぼえましょう　教科書上 114 ページ

楽

とめる

読み方
ガク
ラク
たのしい
たのしむ

つかい方
音楽《おんがく》・気楽《きらく》
楽《たの》しい遠足《えんそく》
楽《たの》しみ

いみ
「音楽」の いみから、音楽は たのしいので、「楽しい」の いみが できたよ。

書きじゅん：1〜13

楽《き》　13かく

楽しいうた　楽しそうだ

▼なぞりましょう ▼書きじゅん ▼おぼえましょう　教科書上 115 ページ

雪

出さない

読み方
セツ
ゆき

つかい方
新雪《しんせつ》
雪《ゆき》がっせん
雪《ゆき》どけ

かたちの にた 字
雲《くも》　雪

ちがいは どこかな？

書きじゅん：1〜11

雪《あめかんむり》　11かく

雪のあさ　雪だるま

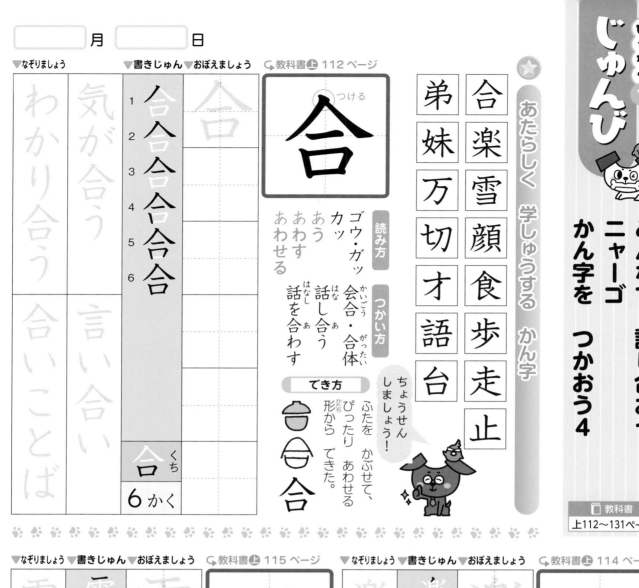

月　日

▼なぞりましょう ▼書きじゅん ▼おぼえましょう　教科書㊤ 120・125 ページ

肉を食べる
食べもの

書きじゅん 1〜9：食
9 かく
食《しょく》

食

つける　はらう

読み方
ショク
くう
たべる
◆ジキ
◆くらう

つかい方
食事《しょくじ》の時間《じかん》
虫食《むしく》い
パンを食《た》べる

くみに なる 字

食べる
飲《の》む
（三年生で ならう。）

▼なぞりましょう ▼書きじゅん ▼おぼえましょう　教科書㊤ 120 ページ

顔をむける
わらい顔

書きじゅん 1〜18：顔
18 かく
頁《おおがい》

顔

ななめに

読み方
ガン
かお

つかい方
洗顔《せんがん》する
顔色《かおいろ》がよい
横顔《よこがお》

かたちの にた 字

頭　顔

ちがいは　どこかな？

▼なぞりましょう ▼書きじゅん ▼おぼえましょう　教科書㊤ 123 ページ

走り方
走りさる

書きじゅん 1〜7：走
7 かく
走《はしる》

走

下を長く　つける

読み方
ソウ
はしる

つかい方
きょう走《そう》
走《はし》り回《まわ》る
走《はし》り書《が》き

でき方

人が はしる ようすと、足の 形《かたち》から。

▼なぞりましょう ▼書きじゅん ▼おぼえましょう　教科書㊤ 121 ページ

みちを歩く
歩きまわる

書きじゅん 1〜8：歩
8 かく
歩 とめる

歩

はねる

読み方
ホ
あるく
あゆむ
◆ブ・フ

つかい方
歩道《ほどう》
にわを歩《ある》く
人《ひと》の歩《あゆ》み

くみに なる 字

走《はし》る
歩く

月　日

▼なぞりましょう ▼書きじゅん ▼おぼえましょう　教科書上 124 ページ

止

長く　みじかく

読み方
シ
とまる
とめる

つかい方
中止《ちゅうし》になる
立《た》ち止《ど》まる
かゆみ止《ど》め

はんたいの 字
止まる
動《うご》く
（三年生で ならうよ。）

書きじゅん 1 2 3 4
止 とめる
4 かく

止
行き止まり
車を止める

▼なぞりましょう ▼書きじゅん ▼おぼえましょう　教科書上 126 ページ

弟

はねる

読み方
ダイ
おとうと
◆テイ
◆デ

つかい方
三人兄弟《さんにんきょうだい》
弟《おとうと》の せわ
弟《おとうと》と 妹《いもうと》

なかまの 字
☆きょうだいの かん字
兄《あに》　姉《あね》
弟　妹

書きじゅん 1 2 3 4 5 6 7
弓 ゆみ
7 かく

弟
弟ができた
弟のせわ

▼なぞりましょう ▼書きじゅん ▼おぼえましょう　教科書上 126 ページ

妹

下を長く　とめる

読み方
いもうと
◆マイ

つかい方
妹《いもうと》と あそぶ
妹《いもうと》が わらう
妹《いもうと》の 手《て》

ちゅうい
○妹
×妹
形《かたち》に 気を つけて 書こうね。

書きじゅん 1 2 3 4 5 6 7 8
女 おんなへん
8 かく

妹
わたしの妹
妹がなく

▼なぞりましょう ▼書きじゅん ▼おぼえましょう　教科書上 131 ページ

万

はねる

読み方
マン
◆バン

つかい方
一万円《いちまんえん》
何万《なんまん》びき
万《まん》に 一《ひと》つ

なかまの 字
☆数の かん字
一　百　千
十　万

書きじゅん 1 2 3
一 いち
3 かく

万
十万本
万一のとき

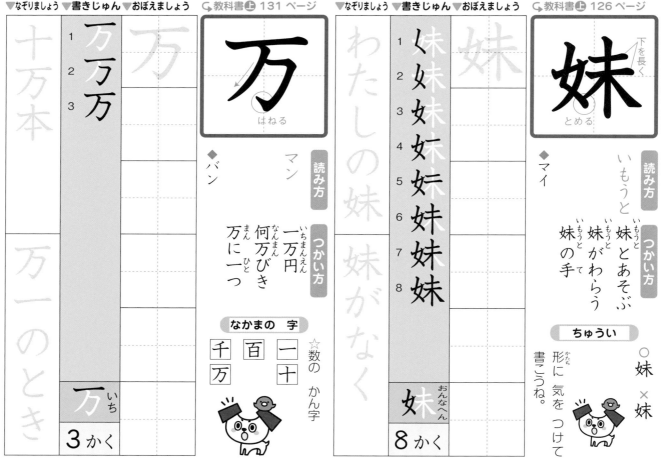

月　日

▼なぞりましょう▼書きじゅん▼おぼえましょう

教科書上 131 ページ

才

数学の天才

えのオのう

書きじゅん 1 2 3

才（て）

3かく

少し出す

はねる

読み方：サイ

つかい方：
天才《てんさい》
才《さい》のう
文才《ぶんさい》がある

ちゅうい

かたかなの「オ」じゃないんだよ。

▼なぞりましょう▼書きじゅん▼おぼえましょう

教科書上 131 ページ

切

大切なひと

切だんする

書きじゅん 1 2 3 4

切（かたな）

4かく

出さない

はねる

読み方：セツ　きれる　きる　◆サイ

つかい方：
親切《しんせつ》な人《ひと》
糸《いと》が切《き》れた
木《き》を切《き》る

いみ

右に「刀《かたな》」があるのは、はものできるからなんだね。

▼なぞりましょう▼書きじゅん▼おぼえましょう

教科書上 131 ページ

台

げきの台本

ふみ台

書きじゅん 1 2 3 4 5

台（くち）

5かく

とめる

読み方：ダイ　タイ

つかい方：
台《だい》の上《うえ》
土台《どだい》
ぶ台《たい》に立《た》つ

ちゅうい

「台風」を、「だいふう」と 読まないように 気を つけましょう。「たいふう」が 正しい 読みです。

▼なぞりましょう▼書きじゅん▼おぼえましょう

教科書上 131 ページ

語

語学の本

じゅつ語

書きじゅん 1 2 3 4 5 6 7 8 9 10 11 12 13 14

語（ごんべん）

14かく

長めに

読み方：ゴ　かたる　かたらう

つかい方：
国語《こくご》の時間《じかん》
ゆめを語《かた》る
友《とも》と語《かた》らう

いみの にた 字

語：語り合う・物語《ものがたり》

話：話し合う・お話

月　日

読み方が　あたらしい　かん字

かん字	読み方	つかい方	前に出た読み方
大	ダイ	大《だい》すきな話《はなし》	大《おお》きい　大《おお》いそぎ　大《おお》いに　大会《たいかい》
生	ショウ	一生《いっしょう》けんめい	先生《せんせい》　生《い》きる　生《う》む　生《は》える　生《なま》やさい
少	すこし	少《すこ》しのお金《かね》	少《すく》ない
足	たりる	数《かず》が足《た》りる	足《あし》のうら　えん足《そく》
	たる	お金《かね》が足《た》る	
	たす	しおを足《た》す	
計	はかる	時間《じかん》を計《はか》る	計算《けいさん》
	はからう	とり計《はか》らう	

かん字	読み方	つかい方	前に出た読み方
野	ヤ	野《や》さいをかう	野原《のはら》
雨	ウ	雨天《うてん》ちゅうし	雨《あめ》
天	あま	天《あま》の川《がわ》を見《み》る	天気《てんき》
太	タ	丸太《まるた》のふね	太《ふと》い　太《ふと》る

とくべつな　読み方を　する　ことば

ことば	読み方	つかい方
今日	きょう	今日《きょう》のできごと

月　日

ぴったり1 じゅんび

絵を 見て お話を 書こう

教科書 上134〜139ページ

☆ あたらしく 学しゅうする かん字

絵
広
図

がんばりましょう！

▼なぞりましょう ▼書きじゅん ▼おぼえましょう　教科書上 134 ページ

絵

下を長く
とめる

読み方
カイ
エ

つかい方
絵画《かいが》
絵《え》をかく
絵日記《えにっき》

いみの にた 字
絵 絵本・さし絵
画 まん画《が》・図画《ずが》

1〜12（書きじゅん）

絵 いとへん

12かく

絵を見る
絵のぐ

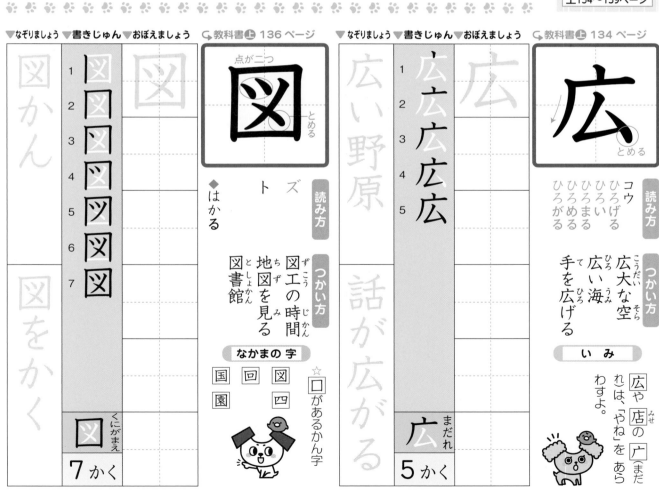

▼なぞりましょう ▼書きじゅん ▼おぼえましょう　教科書上 134 ページ

広

とめる

読み方
コウ
ひろげる
ひろい
ひろまる
ひろめる
ひろがる

つかい方
広大《こうだい》な空《そら》
広《ひろ》い海《うみ》
手を広《ひろ》げる

いみ
広や店《みせ》の广(まだれ)は、「やね」をあらわすよ。

1〜5（書きじゅん）

広 まだれ

5かく

広い野原
話が広がる

▼なぞりましょう ▼書きじゅん ▼おぼえましょう　教科書上 136 ページ

図

点が二つ
とめる

読み方
ズ
ト
◆はかる

つかい方
図工《ずこう》の時間《じかん》
地図《ちず》を見《み》る
図書館《としょかん》

なかまの 字
☆口があるかん字
図 回 国 四 園

1〜7（書きじゅん）

図 くにがまえ

7かく

図かん
図をかく

みんなで 話し合おう／ニャーゴ かん字を つかおう4 絵を 見て お話を 書こう

月　　日

1 かん字を 読みましょう。

① 手を 合（　）わす。
② 大（　）すきな 本。
③ かるたを 楽（　）しむ。
④ 雪（　）が ふる。
⑤ うれしそうな 顔（　）。
⑥ さかなを 食（　）べる。
⑦ 林の そばを 歩（　）く。

2 □に かん字を 書きましょう。

① 音に □《あ》わせる。
② □《だい》すきな 話。
③ うたを □《たの》しむ。
④ □《ゆき》が つもった。
⑤ 友だちの よこ □《がお》。
⑥ 一□《しょう》けんめい とり組む。

⑦ ろうかを □《ある》く。
⑧ 元気に □《はし》る。
⑨ みちで 立ち □《ど》まる。
⑩ 大□《ぐ》いを やめる。
⑪ □《おとうと》の せわ。
⑫ 一つ 下の □《いもうと》。

教科書 上112～139ページ
答え 6ページ

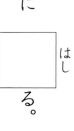

　　月　　日

みんなで 話し合おう／ニャーゴ　かん字を つかおう4　絵を 見て お話を 書こう

教科書 上112〜139ページ
答え 6ページ

1 かん字を 読みましょう。

①（　　）少しの 時間。

②（　　）今日は いい 天気だ。

③（　　）一万円さつを 出す。

④（　　）野さいを そだてる。

⑤（　　）国語の じゅぎょう。

⑥（　　）りんごの 絵を かく。

⑦（　　）地図を 出す。

2 □に かん字を 書きましょう。

① 食べものが □《た》りない。

② 十□《まん》本の 花。

③ 時間を □《はか》る。

④ □《たい》□《せつ》な 手がみ。

⑤ 音楽《がく》の □《さい》のう。

⑥ □《う》□《てん》でも 行われる。

⑦ □《あま》の川を かんさつする。

⑧ □《ご》□《がく》の 本。

⑨ □《まる》□《た》を ころがす。

⑩ □《だい》どころに 立つ。

⑪ □《ひろ》い へや。

⑫ □《ず》で あらわす。

ぴったり1 じゅんび

ビーバーの 大工事《こうじ》「どうぶつカード」を 作ろう

教科書 下8～28ページ

☆新しく 学しゅうする かん字

工 北 近 引 後 形 内 海 新 強

がんばりましょう！

月　　日

▼なぞりましょう ▼書きじゅん ▼おぼえましょう　教科書下 10・11ページ

工（出さない・長く）

読み方：コウ　ク

つかい方：
図工《ずこう》の時間《じかん》
ガラス工場《こうじょう》
大工《だいく》さん

形の にた 字：土　工

ちがいは どこかな？

書きじゅん：1 2 3

工 たくみ え　3かく

人工ちのう
大工さん

▼なぞりましょう ▼書きじゅん ▼おぼえましょう　教科書下 10ページ

北（はねる）

読み方：ホク　きた

つかい方：
北《ほっ》きょく点《てん》
東北地方《とうほくちほう》
北風《きたかぜ》がふく

なかまの 字

☆方角《がく》の かん字

北　東《ひがし》　西《にし》　南《みなみ》

書きじゅん：1 2 3 4 5

北 ひ　5かく

北の大地
北とみなみ

▼なぞりましょう ▼書きじゅん ▼おぼえましょう　教科書下 11ページ

近（ひとふでで書く・とめる）

読み方：キン　ちかい

つかい方：
近所《きんじょ》の人《ひと》
人《ひと》に近《ちか》づく
近道《ちかみち》をする

はんたいの 字

遠《とお》い　近い

書きじゅん：1 2 3 4 5 6 7

近 しんにょう しんにゅう　7かく

学校が近い
近くへよる

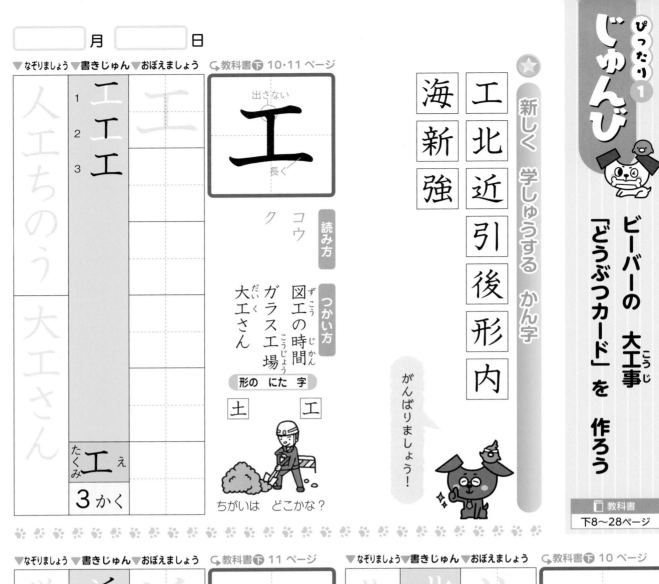

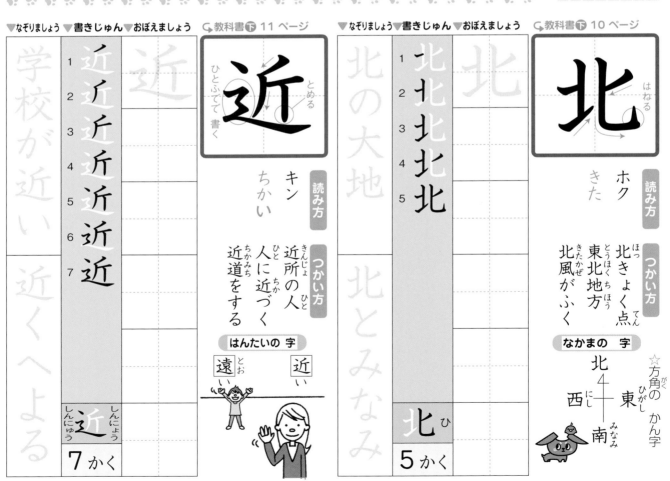

月　日

▼なぞりましょう ▼書きじゅん ▼おぼえましょう

教科書下 12ページ

引

気が引ける

つな引き

1 ⁊ 2 ⁊ 3 弓 4 引

引 ゆみへん

4かく

引（はねる）

読み方

イン

ひく

ひける

つかい方

太陽《たいよう》の引力《いんりょく》

線《せん》を引《ひ》く

気《き》が引《ひ》ける

でき方

弓《ゆみ》と丨(まっすぐ ひいた 形)を 組み合わせた 字。

▼なぞりましょう ▼書きじゅん ▼おぼえましょう

教科書下 12ページ

後

前と後ろ

後ろを見る

1 ⼃ 2 ⼻ 3 彳 4 彳 5 彳 6 彳 7 後 8 後 9 後

後 ぎょうにんべん

9かく

後（とめる・はらう）

読み方

ゴ・コウ

のち

うしろ

あと

◆おくれる

つかい方

前後《ぜんご》・後方《こうほう》

くもり後雨《のちあめ》

後《うし》ろむき

ちゅうい

○後 ×後 ×後

形に 気を つけて 書こう。

▼なぞりましょう ▼書きじゅん ▼おぼえましょう

教科書下 12ページ

形

形がよい

同じ形

1 一 2 二 3 于 4 开 5 开 6 形 7 形

形 さんづくり

7かく

形（下を 長く）

読み方

ケイ

ギョウ

かた

かたち

つかい方

三角形《さんかくけい》

日本人形《にほんにんぎょう》

形《かたち》をかえる

い み

彡(さんづくり)は、かたちを ととのえる いみを あらわすよ。

▼なぞりましょう ▼書きじゅん ▼おぼえましょう

教科書下 16ページ

内

内がわ

心の内

1 丨 2 冂 3 内 4 内

内 いる

4かく

内（つき出す・とめる・はねる）

読み方

ナイ

うち

◆ダイ

つかい方

町内会《ちょうないかい》

内《うち》と外《そと》

内《うち》に入《はい》る

でき方

たてものに 入る ようすから、「うちがわ」を あらわした 字。

月　日

▼なぞりましょう ▼書きじゅん ▼おぼえましょう　教科書下 25ページ

海

とめる　はねる

読み方
カイ
うみ

つかい方
海水《かいすい》よく
海《うみ》でおよぐ
青《あお》い海《うみ》

いみ
氵(さんずい)は、水をあらわすよ。
海は 水で いっぱいだよね。

海　さんずい
9かく

海
広い海
空と海

▼なぞりましょう ▼書きじゅん ▼おぼえましょう　教科書下 27ページ

新

とめる

読み方
シン
あたらしい
あらた
にい

つかい方
新聞《しんぶん》を読《よ》む
新《あたら》しい車《くるま》
新《あら》たな年《とし》
新潟県《にいがたけん》

ちゅうい
○新しい　×新らしい
おくりがなに
気を　つけてね。

新　おのづくり
13かく

新
新しい本
目新しい

▼なぞりましょう ▼書きじゅん ▼おぼえましょう　教科書下 27ページ

強

つける　はねる　とめる

読み方
キョウ
つよい
つよまる
つよめる
◆ゴウ・しいる

つかい方
強弱《きょうじゃく》
力《ちから》が強《つよ》い
風《かぜ》が強《つよ》まる

はんたいの 字

強　ゆみへん
11かく

強
強い風
気が強い
語気を強める
力が強まる

字の 形に 気を
つけて 書こう。

月　日

読み方が 新しい かん字

かん字	読み方	つかい方	前に 出た 読み方
地	ジ	地《じ》めんを ほる	土《と》地《ち》
上	うわ	大《おお》きく 上《うわ》回《まわ》る	上《うえ》　上《あ》がる　上《のぼ》る　上《じょう》下《げ》
切	きる	木《き》を 切《き》る	大《たい》切《せつ》
切	きれる	糸《いと》が 切《き》れる	
家	カ	四《よ》人《にん》家《か》ぞく	家《いえ》
分	フン	一《いっ》分《ぷん》間《かん》	分《わ》ける　自《じ》分《ぶん》
夜	よ	明《あか》るい 月《つき》夜《よ》	夜《よる》
図	ト	図《と》書《しょ》かん	図《ず》工《こう》

とくべつな 読み方を する ことば

ことば	読み方	つかい方
上手	じょうず	上手《じょうず》に 作《つく》る

同じ 読み方を する かん字

新　親

どちらも 「しん」と 読みますが、「新」は 新しい という いみで 「新年」などと つかい、「親」は 親しい という いみで 「親友《ゆう》」などと つかいます。

どちらの かん字も、「しい」という おくりがなを つけて、「新しい」「親しい」と 書くので、読みまちがえないように しましょう。

月　　日

ぴったり2 れんしゅう

ビーバーの 大工事《こうじ》「どうぶつカード」を 作ろう

教科書 下8～28ページ
答え 6ページ

1 かん字を 読みましょう。

① 地めんを ほる。（　　）
② 家が 近い。（　　）
③ はさみで かみを 切る。（　　）
④ 妹の 手を 引く。（　　）
⑤ 上手に 絵を かく。（　　）
⑥ 海が 見える。（　　）
⑦ 図書かんへ 行く。（　　）

2 □に かん字を 書きましょう。

① □《じん》□《こう》の しばふ。
② □《きた》□《かぜ》が ふいた。
③ □《うわ》ぎを ぬぐ。
④ いすの □《うし》ろ。
⑤ 丸い □《かたち》を つくる。
⑥ なかよしの □《か》ぞく。

⑦ 一□《ぶん》□《かん》話す。
⑧ □《よ》が あける。
⑨ コップの □《うち》がわ。
⑩ □《かい》□《すい》よくに 行く。
⑪ □《あたら》しい えんぴつ。
⑫ 力が □《つよ》い。

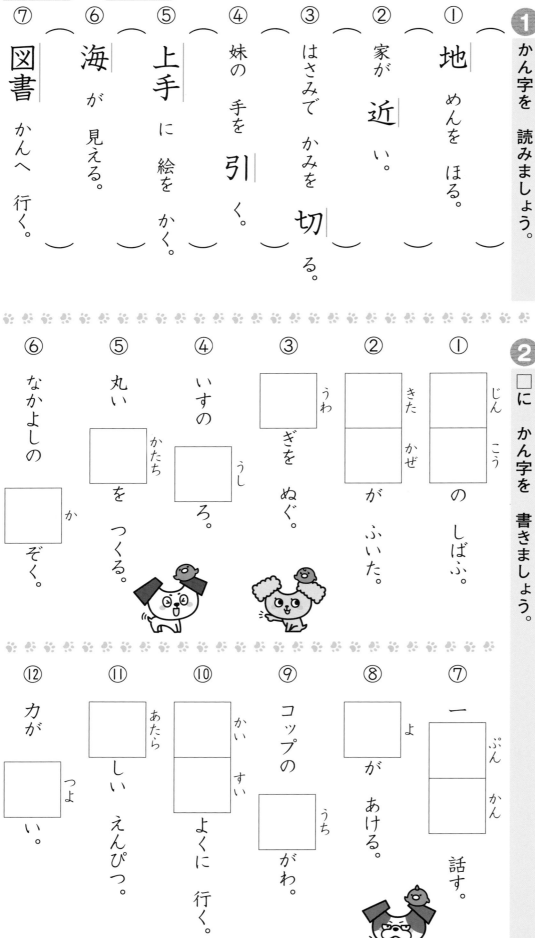

ぴったり1 じゅんび

主語《しゅ》と　じゅつ語　町で　見つけた　ことを　話そう

教科書　下30～38ページ

新しく　学しゅうする　かん字

鳴　雲　晴　船　店　冬　朝　週　市

ていねいに　書きましょう！

なぞりましょう　書きじゅん　おぼえましょう　教科書下　30ページ

鳴

小さく　むきにちゅうい

読み方：メイ　なく　なる　ならす

つかい方：悲鳴《ひめい》　鳥《とり》の鳴《な》き声《ごえ》　ふえが鳴《な》る

できた方：鳥（とり）と口を合わせて、なくことをあらわした字。

書きじゅん：1 丶　2 3 口　4 口'　5 叫　6 叫　7 8 吚　9 咱　10 鳴　11 鳴　12 鳴　13 14 鳴

鳴 とり　14かく

なぞりましょう：音が鳴る　かねが鳴る　耳鳴り　鳴りひびく

なぞりましょう　書きじゅん　おぼえましょう　教科書下　30ページ

雲

下を長く　とめる

読み方：ウン　くも

つかい方：せきらん雲《うん》　入道雲《にゅうどうぐも》　黒《くろ》い雨雲《あまぐも》

できた方：雨と云（ゆげの形、くもの形）を組み合わせた字。

書きじゅん：1〜12 雲

雲 あめかんむり　12かく

なぞりましょう：雲がわく　雲の上

なぞりましょう　書きじゅん　おぼえましょう　教科書下　30ページ

晴

とめる　はねる

読み方：セイ　はれる　はらす

つかい方：晴天《せいてん》　晴《は》れた日《ひ》　気晴《きば》らし

できた方：日（たいよう）と青（青い空）とを組み合わせた字。

書きじゅん：1 丨　2 冂　3 日　4 日　5 日　6 日　7 8 晴　9 晴　10 晴　11 晴　12 晴

晴 ひへん　12かく

なぞりましょう：晴れわたる　気が晴れる

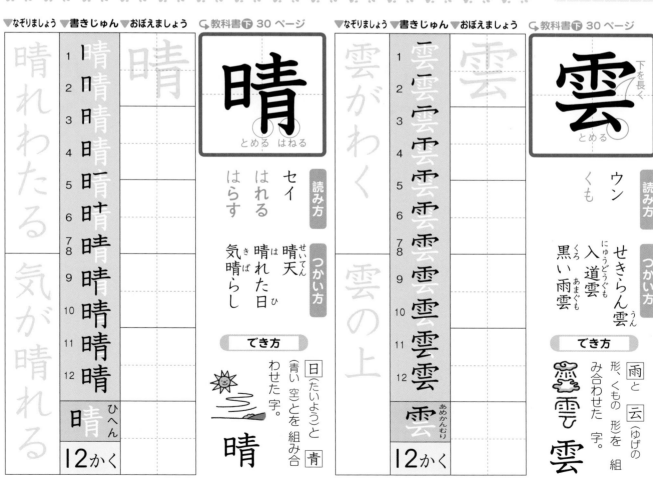

月　日

▼なぞりましょう ▼書きじゅん ▼おぼえましょう 教科書㊦ 30 ページ

船

あける　はらう　はねる

読み方　セン　ふね　ふな

つかい方
赤《あか》い風船《ふうせん》
船《ふね》の汽《き》てき
船《ふな》のり

ちゅうい
船《ふね》が　出《で》る→船出《ふなで》
船《ふね》の　たび→船《ふな》たび
読み方に　気を　つけて。

舟　ふねへん

11 かく

船にのる
わたし船

▼なぞりましょう ▼書きじゅん ▼おぼえましょう 教科書㊦ 33 ページ

店

はらう

読み方　テン　みせ

つかい方
書店《しょてん》
店《みせ》を出《だ》す
店先《みせさき》

ちゅうい
○店　×宮　×店
形に　気を　つけて　書きましょう。

广　まだれ

8 かく

店長さん
お店の前

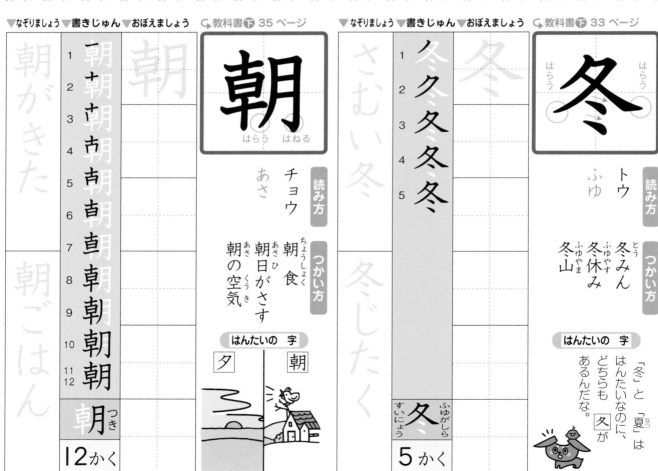

▼なぞりましょう ▼書きじゅん ▼おぼえましょう 教科書㊦ 33 ページ

冬

はらう　はらう

読み方　トウ　ふゆ

つかい方
冬《とう》みん
冬休《ふゆやす》み
冬山《ふゆやま》

はんたいの　字
「冬」と「夏《なつ》」は　はんたいなのに、どちらも　夂　が　あるんだな。

夂　ふゆがしら　すいにょう

5 かく

さむい冬
冬じたく

▼なぞりましょう ▼書きじゅん ▼おぼえましょう 教科書㊦ 35 ページ

朝

はらう　はねる

読み方　チョウ　あさ

つかい方
朝食《ちょうしょく》
朝日《あさひ》がさす
朝《あさ》の空気《くうき》

はんたいの　字

月　つき

12 かく

朝がきた
朝ごはん

月　日

▼なぞりましょう ▼書きじゅん ▼おぼえましょう　教科書(下) 35ページ

週

はねる　ひとふでで 書く

読み方　シュウ

つかい方　今週《こんしゅう》　読書《どくしょ》週間《しゅうかん》　週《しゅう》まつ

ちゅうい　辶（しんにょう）は さいごに、三画で 書こう。

書きじゅん：1 週　2 週　3 週　4 週　5 週　6 週　7 週　8 週　9 週　10 週　11 週

辶《しんにょう》　しんにゅう

11かく

週のはじめ

先週の天気

▼なぞりましょう ▼書きじゅん ▼おぼえましょう　教科書(下) 35ページ

市

とめる　はねる

読み方　シ　いち

つかい方　市役所《しやくしょ》　市長《しちょう》　市場《いちば》で 買《か》う

なかまの 字　☆まちや むらの かん字　市　町　村

書きじゅん：1 市　2 市　3 市　4 市　5 市

市《はば》

5かく

町の市場

朝市が立つ

読み方が 新しい かん字

かん字	読み方	つかい方	前に 出た 読み方
長	チョウ	クラスいいん長《ちょう》	長《なが》い

はんたいの いみの かん字

上　多

「上」の はんたいの いみの かん字は、「下」です。また、「多」の はんたいの いみの かん字は、「少」です。

これらの はんたいの いみの かん字は、組み合わせる ことで、「上下」「多少《たしょう》」という 一つの じゅく語に なります。おぼえて おきましょう。

月　日

ぴったり2 れんしゅう

主《しゅ》語と じゅつ語
町で 見つけた ことを 話そう

教科書 下30～38ページ
答え 6ページ

1 かん字を 読みましょう。

① 雲 の 上。（　）
② 晴 れた 空。（　）
③ 大きな 船 に のる。（　）
④ 書店 に 行く。（　）
⑤ 冬休 みが 楽しみだ。（　）
⑥ 朝日 が さしている。（　）
⑦ 広い 店 の 中。（　）

2 □に かん字を 書きましょう。

① 教《きょう》会の かねが □《な》る。
② ねこの □《な》き声。
③ 気を □《は》らす。
④ パンやさんの □□《てんちょう》。
⑤ □□《しゃちょう》に たのむ。
⑥ □□《ふゆやま》に のぼる。

⑦ まい □《あさ》 さんぽする。
⑧ 一 □□《しゅうかん》の よてい。
⑨ □□《あさいち》へ 行く。
⑩ 食《しょく》ひんの □《みせ》。
⑪ ひこうき □《ぐも》
⑫ □《ふね》で 海を わたる。

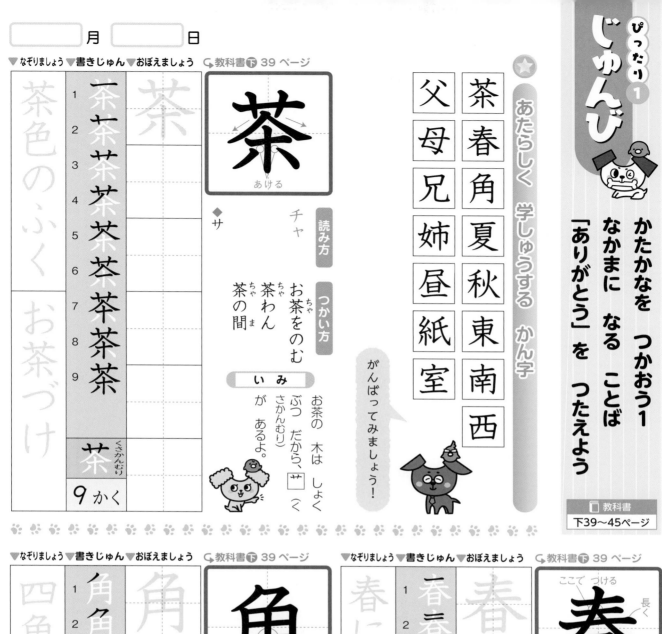

月　日

ぴったり1 じゅんび

かたかなを　つかおう1
なかまに　なる　ことば
「ありがとう」を　つたえよう

教科書 下39〜45ページ

☆ あたらしく　学しゅうする　かん字

茶 春 角 夏 秋 東 南 西
父 母 兄 姉 昼 紙 室

がんばってみましょう！

▼なぞりましょう ▼書きじゅん ▼おぼえましょう　教科書下 39 ページ

茶

あける

読み方：チャ　◆サ

つかい方：お茶《ちゃ》をのむ　茶《ちゃ》わん　茶《ちゃ》の間《ま》

いみ：お茶の　木は　しょくぶつ　だから、艹（くさかんむり）が　あるよ。

茶色のふく　お茶づけ

茶（くさかんむり）　9かく

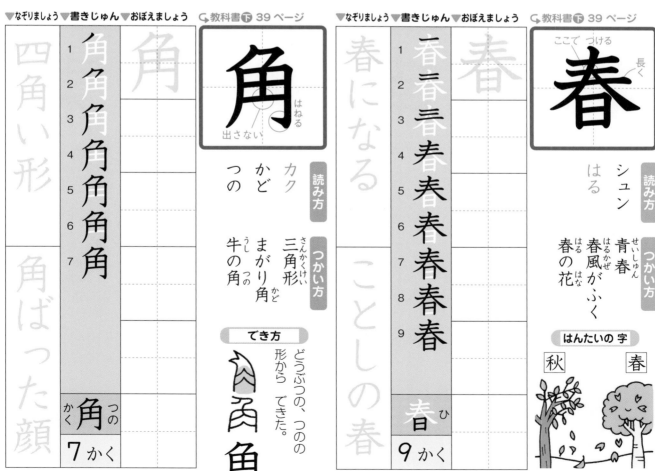

▼なぞりましょう ▼書きじゅん ▼おぼえましょう　教科書下 39 ページ

春

ここで　つける　長く

読み方：シュン　はる

つかい方：青春《せいしゅん》　春風《はるかぜ》がふく　春《はる》の花《はな》

はんたいの 字：秋　春

春になる　ことしの春

春（ひ）　9かく

▼なぞりましょう ▼書きじゅん ▼おぼえましょう　教科書下 39 ページ

角

はねる　出さない

読み方：カク　かど　つの

つかい方：三角形《さんかくけい》　まがり角《かど》　牛《うし》の角《つの》

でき方：どうぶつの、つのの　形から　できた。

四角い形　角ばった顔

角（かくのつの）　7かく

月　日

▼なぞりましょう ▼書きじゅん ▼おぼえましょう
教科書(下) 40 ページ

夏

やや長く
つける

読み方
カ
なつ
◆ゲ

つかい方
初夏《しょか》の風《かぜ》
夏休《なつやす》み
夏《なつ》みかん

はんたいの 字
冬　夏

夏　すいにょう　ふゆがしら
10かく

夏になる
あつい夏

▼なぞりましょう ▼書きじゅん ▼おぼえましょう
教科書(下) 40 ページ

秋

とめる　はらう

読み方
シュウ
あき

つかい方
秋分《しゅうぶん》の日《ひ》
秋《あき》まつり
秋風《あきかぜ》がふく

ちゅうい
○秋
×秋
形に 気を つけて 書こう。

秋　のぎへん
9かく

春と秋
秋のもみじ

▼なぞりましょう ▼書きじゅん ▼おぼえましょう
教科書(下) 40 ページ

東

つき出す
はらう
とめる

読み方
トウ
ひがし

つかい方
関東地方《かんとうちほう》
東《ひがし》の空《そら》
東《ひがし》むきの家

はんたいの 字
東　西

東　き
8かく

東へ行く
東海どう

▼なぞりましょう ▼書きじゅん ▼おぼえましょう
教科書(下) 40 ページ

南

出さない
はねる

読み方
ナン
みなみ
◆ナ

つかい方
南国《なんごく》
南《みなみ》むき
南《みなみ》のほう

はんたいの 字
北　南

南　じゅう
9かく

南をむく
南風

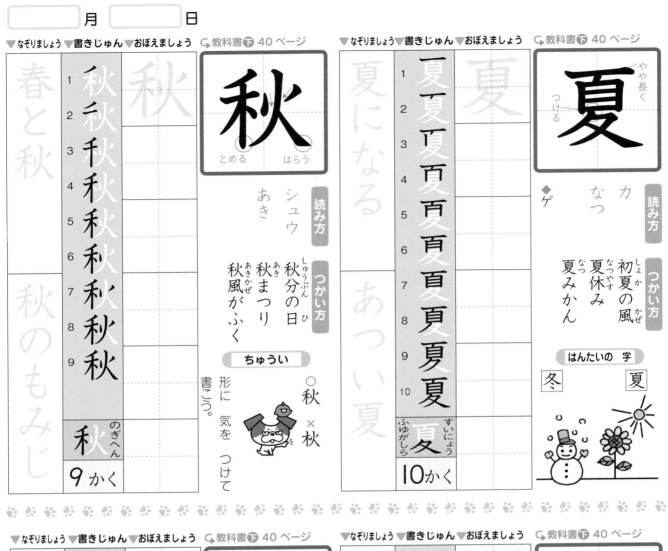

月　日

▼なぞりましょう ▼書きじゅん ▼おぼえましょう 教科書㊦ 40 ページ

西

出さない

読み方：セイ　サイ　にし

つかい方：
西洋《せいよう》
東西《とうざい》
西日《にしび》がさす

ちゅうい
○西　×西
形に 気を つけて 書こうね。

書きじゅん：1 西　2 西　3 西　4 西　5 西　6 西

西《にし》　6かく

西風がふく
西の空

▼なぞりましょう ▼書きじゅん ▼おぼえましょう 教科書㊦ 40 ページ

父

あける　はらう

読み方：フ　ちち

つかい方：
父母《ふぼ（ちちはは）》
父《ちち》と話《はな》す
父親《ちちおや》

くみに なる 字
父　母

書きじゅん：1 父　2 父　3 父　4 父

父《ちち》　4かく

父親
父の日

▼なぞりましょう ▼書きじゅん ▼おぼえましょう 教科書㊦ 40 ページ

母

点　とめる　はねる

読み方：ボ　はは

つかい方：
母国《ぼこく》に帰《かえ》る
母《はは》の日《ひ》
母親《ははおや》

ちゅうい
○母　×毋
「毋《まい》」の 下がわと ちがうよ。

書きじゅん：1 母　2 母　3 母　4 母　5 母

母《なかれ》　5かく

母親
父と母

▼なぞりましょう ▼書きじゅん ▼おぼえましょう 教科書㊦ 40 ページ

兄

はらう　はねる

読み方：キョウ　あに　◆ケイ

つかい方：
兄弟《きょうだい》
兄《あに》は中学生《ちゅうがくせい》
二《ふた》つ上《うえ》の兄《あに》

くみに なる 字
兄　弟

書きじゅん：1 兄　2 兄　3 兄　4 兄　5 兄

ひとあし 兄 にんにょう　5かく

兄とあそぶ
兄のつくえ

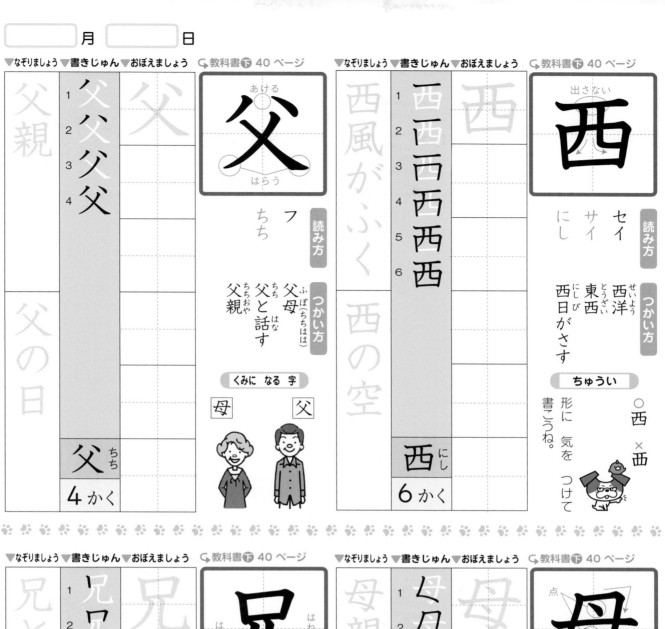

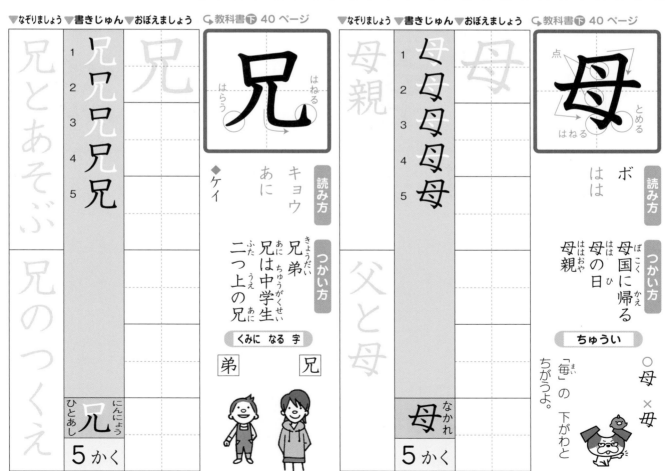

月　日

▼なぞりましょう ▼書きじゅん ▼おぼえましょう 教科書(下) 40ページ

姉

はねる　とめる

読み方
あね
◆シ

つかい方
六年生《ろくねんせい》の姉《あね》
兄《あに》と姉《あね》
姉《あね》と妹《いもうと》

くみに なる 字
姉　妹

女《おんなへん》
8かく

姉と妹
姉のくつ

▼なぞりましょう ▼書きじゅん ▼おぼえましょう 教科書(下) 41ページ

昼

つける　長めに

読み方
チュウ
ひる

つかい方
昼食《ちゅうしょく》
昼《ひる》と夜《よる》
昼休《ひるやす》み

ちゅうい
○昼　×昼
形に 気を つけて
書きましょう。

日《ひ》
9かく

昼になる
昼ごはん

▼なぞりましょう ▼書きじゅん ▼おぼえましょう 教科書(下) 42ページ

紙

はねる

読み方
シ
かみ

つかい方
本《ほん》の表紙《ひょうし》
紙《かみ》しばい
手紙《てがみ》を書《か》く

い み
糸(いとへん)が あるのは、「かみ」を せんいで つくった から。

糸《いとへん》
10かく

紙に書く
手紙を出す

▼なぞりましょう ▼書きじゅん ▼おぼえましょう 教科書(下) 43ページ

室

とめる　下を長く

読み方
シツ
◆むろ

つかい方
教室《きょうしつ》に入《はい》る
図書室《としょしつ》の本《ほん》
室内《しつない》の空気《くうき》

い み
室や 家の 宀(うかんむり)は、「いえ」をあらわします。

宀《うかんむり》
9かく

教室に行く
じっけん室

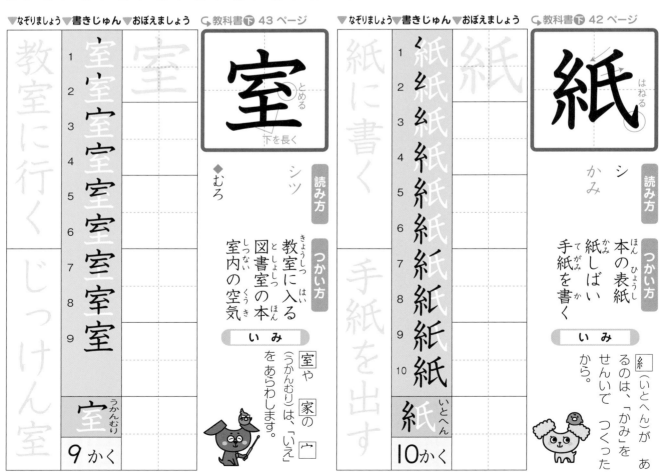

月　日

読み方が 新しい かん字

かん字	読み方	つかい方	前に 出た 読み方
形	ケイ	四《し》角《かく》形《けい》をかく	形《かたち》
教	キョウ	教《きょう》科《か》書《しょ》を見《み》る	教《おし》える
楽	ガク	音《おん》楽《がく》をきく	楽《たの》しい 楽《たの》しむ
体	タイ	体《たい》そうをする	人《ひと》の 体《からだ》
北	ホク	東《とう》北《ほく》地《ち》方《ほう》	北《きた》
春	シュン	春《しゅん》分《ぶん》の日《ひ》	春《はる》
冬	トウ	冬《とう》みんする	冬《ふゆ》
弟	ダイ	兄《きょう》弟《だい》がいる	弟《おとうと》

とくべつな 読み方を する ことば

ことば	読み方	つかい方
兄さん	にいさん	兄《にい》さんとあそぶ
姉さん	ねえさん	明《あか》るい姉《ねえ》さん
母さん	かあさん	やさしい母《かあ》さん
父さん	とうさん	父《とう》さんと話《はな》す

なかまの かん字を あつめましょう。
一日の 時間を あらわす かん字です。

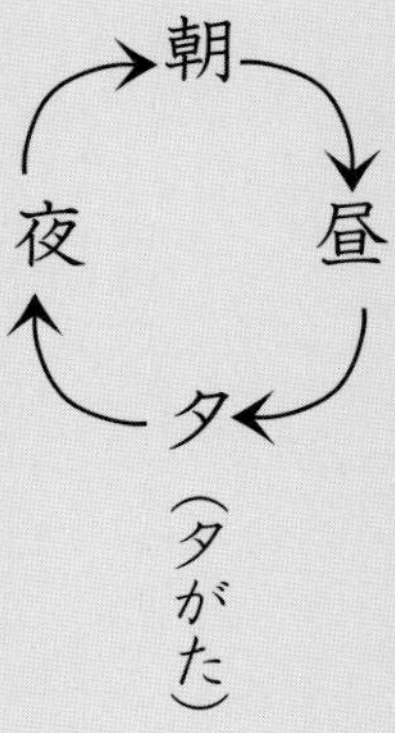

きせつを あらわす かん字です。

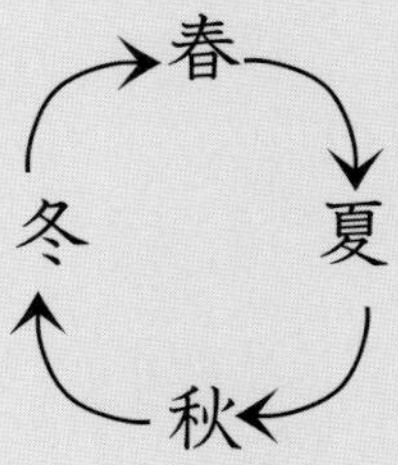

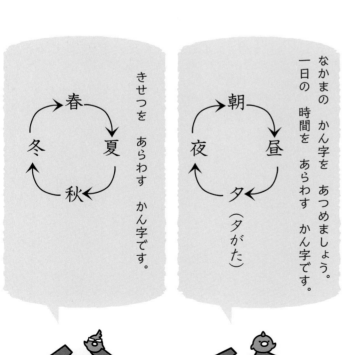

月　　日

ぴったり2 れんしゅう

かたかなを つかおう1
なかまに なる ことば
「ありがとう」を つたえよう

教科書 下39～45ページ
答え 7ページ

1 かん字を 読みましょう。

① もう すぐ 春（　　）が 来る。

② まるや 四角形（　　）を 書く。

③ 夏（　　）に なる。

④ 秋（　　）まつりの 日。

⑤ 東北（　　）へ 行く。

⑥ 南（　　）へ むかう。

⑦ 西日（　　）が さす。

2 □に かん字を 書きましょう。

① お□《ちゃ》を のむ。

② あたたかい □《はる》。

③ あつい □《なつ》の 日。

④ □《ひがし》の 方角。

⑤ □《みなみ》□《かぜ》が ふく。

⑥ □《なん》きょくの こおり。

⑦ かん□《さい》地方で くらす。

⑧ □《ちち》と 話す。

⑨ □《はは》と わたし。

⑩ 二つ 上の □《あに》が いる。

⑪ □《きょう》□《だい》で あそぶ。

⑫ なかの よい □《あね》が いる。

月　日

ぴったり2 れんしゅう

かたかなを つかおう1
なかまに なる ことば
「ありがとう」を つたえよう

教科書 下39〜45ページ
答え 7ページ

1 かん字を 読みましょう。

① やさしい 父。（　）

② 母の日。（　）

③ 兄さんと 会う。（　）

④ 中学生の 姉さん。（　）

⑤ 母さんは よく わらう。（　）

⑥ 父さんは 犬が すきだ。（　）

⑦ 紙くずを すてる。（　）

2 □に かん字を 書きましょう。

① □《ひる》ごはんを 食べる。

② 学校の □《ひる》□《やす》み。

③ □《きょう》□《か》□《しょ》を 見る。

④ □《おん》□《がく》□《かい》を ひらく。

⑤ □《たい》じゅうを はかる。

⑥ □《ほっ》□《かい》どうに 行く。

⑦ □《しゅん》分の日。

⑧ 虫が □《とう》みんする。

⑨ □《かみ》しばいを 見る。

⑩ □《て》□《がみ》を もらう。

⑪ □《きょう》□《しつ》が さわがしい。

⑫ □《しつ》ないの 空気。

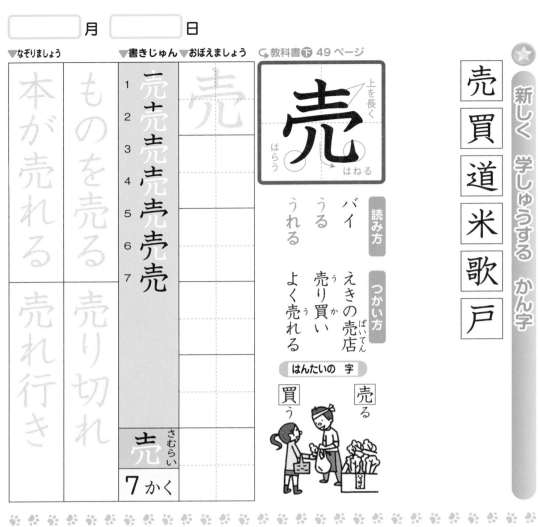

月　日

かさこじぞう

新しく 学しゅうする かん字

売　買　道　米　歌　戸

教科書 下46～62ページ

▼なぞりましょう ▼書きじゅん ▼おぼえましょう

教科書下 49 ページ

売

上を長く　はらう　はねる

読み方
バイ
うる
うれる

つかい方
えきの売店《ばいてん》
売《う》り買《か》い
よく売《う》れる

はんたいの 字
買う　売る

書きじゅん：1〜7

売（さむらい）

7かく

なぞりましょう：ものを売る　売り切れ　本が売れる　売れ行き

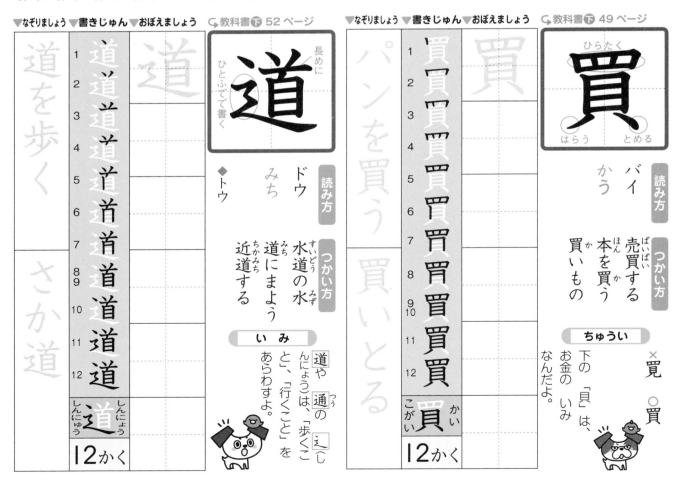

▼なぞりましょう ▼書きじゅん ▼おぼえましょう

教科書下 49 ページ

買

ひらたく　はらう　とめる

読み方
バイ
かう

つかい方
売買《ばいばい》する
本《ほん》を買《か》う
買《か》いもの

ちゅうい
×買　○買
下の「貝」は、お金の いみ なんだよ。

書きじゅん：1〜12

買（かい・こがい）

12かく

なぞりましょう：パンを買う　買いとる

▼なぞりましょう ▼書きじゅん ▼おぼえましょう

教科書下 52 ページ

道

長めに　ひとふでで書く

読み方
ドウ
みち
◆トウ

つかい方
水道《すいどう》の水《みず》
道《みち》にまよう
近道《ちかみち》する

いみ
道や通《つう》の辶（しんにょう）は、「歩くこと」「行くこと」をあらわすよ。

書きじゅん：1〜12

辶（しんにょう・しんにゅう）

12かく

なぞりましょう：道を歩く　さか道

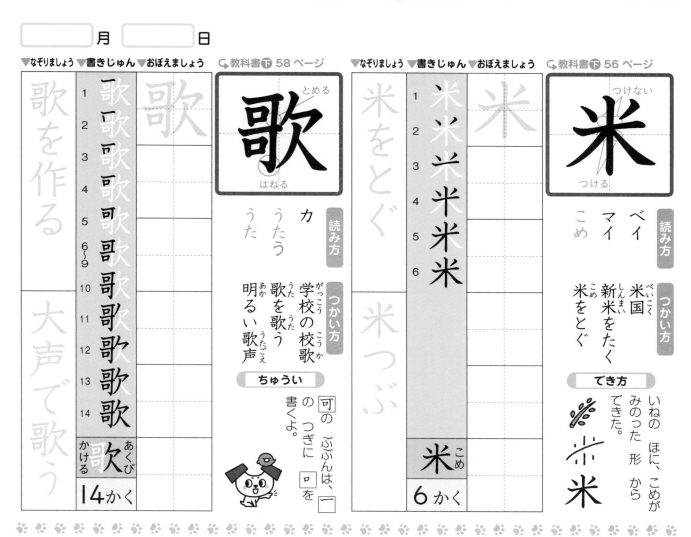

月　日

▼なぞりましょう ▼書きじゅん ▼おぼえましょう
教科書(下) 56 ページ

米

つけない
つける

読み方
ベイ
マイ
こめ

つかい方
米国《べいこく》
新米《しんまい》をたく
米《こめ》をとぐ

でき方
いねの ほに、こめが みのった 形 から できた。

書きじゅん：1 2 3 4 5 6
米《こめ》
6 かく

米をとぐ
米つぶ

▼なぞりましょう ▼書きじゅん ▼おぼえましょう
教科書(下) 58 ページ

歌

とめる
はねる

読み方
カ
うたう
うた

つかい方
学校《がっこう》の校歌《こうか》
歌《うた》を歌《うた》う
明《あか》るい歌声《うたごえ》

ちゅうい
可の ぶぶんは、一 の つぎに 口を 書くよ。

書きじゅん：1 2 3 4 5 6〜9 10 11 12 13 14
欠 あくび かける
14かく

歌を作る
大声で歌う

▼なぞりましょう ▼書きじゅん ▼おぼえましょう
教科書(下) 58 ページ

戸

はらう

読み方
コ
と

つかい方
戸外《こがい》へ出《で》る
雨戸《あまど》
戸《と》じまり

でき方
門の 左の とびらの 形 から できた。

書きじゅん：1 2 3 4
戸《と》
4 かく

戸をあける
ガラス戸

「売る」の はんたいは 「買う」ですね。
いっしょに おぼえて おきましょう。

月　　日

読み方が　新しい　かん字

かん字	読み方	つかい方	前に 出た 読み方
年	とし	年《とし》のはじまり	一年《いちねん》
外	はずれる	町《まち》外《はず》れ	外国《がいこく》
外	はずす	ボタンを外《はず》す	
心	シン	円《えん》の中心《ちゅうしん》	心《こころ》の中《なか》
雨	あま	雨《あま》やどり	雨《あめ》 雨天《うてん》
空	から	空《から》っぽのはこ	空《そら》 空《あ》きばこ 空気《くうき》

「空(から)」は、「なかみが ない。」という いみだね。

かん字クイズ４

答え12ページ

右の 三つの 絵から、「夏」という かん字が 思いうかびますね。つぎの ①と ②の 絵から 思いうかぶ かん字を、下から えらんで ○で かこみましょう。

①

毛　足
長　園

②

歌　図
音　読

かさこじぞう

教科書 下46～62ページ
答え 7ページ

月　日

1 かん字を 読みましょう。

① 父が 家を 売る。（　）

② ケーキを 買った。（　）

③ くじが 外れる。（　）

④ 心ぞうが うごく。（　）

⑤ 米を そだてる。（　）

⑥ すきな 歌を 聞く。（　）

⑦ 雨戸を あける。（　）

2 □に かん字を 書きましょう。

① 新しい □《とし》を むかえる。

② お肉が □《う》り切れた。

③ 花を □《か》う。

④ □《か》いものに 出かける。

⑤ とびらを □《はず》す。

⑥ □《みち》で 立ち止まる。

⑦ 町の □《ちゅう》□《しん》。

⑧ おいしい お□《こめ》。

⑨ □《うた》って おどる。

⑩ □《あま》やどりを する。

⑪ □《と》じまりを する。

⑫ □《から》の はこ。

ぴったり1 じゅんび

かん字を つかおう5
かん字を つかおう6

教科書 下63・70ページ

☆新しく 学しゅうする かん字

曜 午 谷 岩 池 鳥 馬 首 番

やって みましょう!

月　日

▼なぞりましょう ▼書きじゅん ▼おぼえましょう

教科書下 63 ページ

曜

わすれないで　みじかく

読み方 ヨウ

つかい方 曜日《ようび》　日曜《にちよう》　水曜日《すいようび》

ちゅうい 画数が 十八かくも あるね。ていねいに 書こう。

書きじゅん 1〜4 5 6 7 8〜10 11 12 13 14 15 16 17 18

曜 ひへん

18かく

月曜日

曜日を書く

▼なぞりましょう ▼書きじゅん ▼おぼえましょう

教科書下 63 ページ

午

出さない　長く

読み方 ゴ

つかい方 午前七時《ごぜんしちじ》　午後五時《ごごごじ》　正午《しょうご》

いみ

午前
正午
午後

書きじゅん 1 2 3 4

午 じゅう

4かく

正午

午前と午後

▼なぞりましょう ▼書きじゅん ▼おぼえましょう

教科書下 63 ページ

谷

あける　つける

読み方 たに　◆コク

つかい方 谷川の水《たにがわのみず》　ふかい谷《たに》　谷間《たにま》

くみに なる字

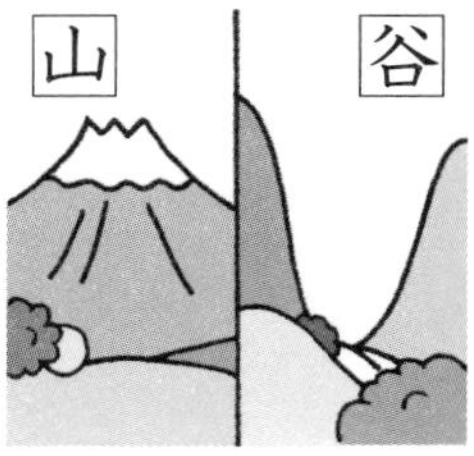

書きじゅん 1 2 3 4 5 6 7

谷 たに

7かく

谷川の水

谷風がふく

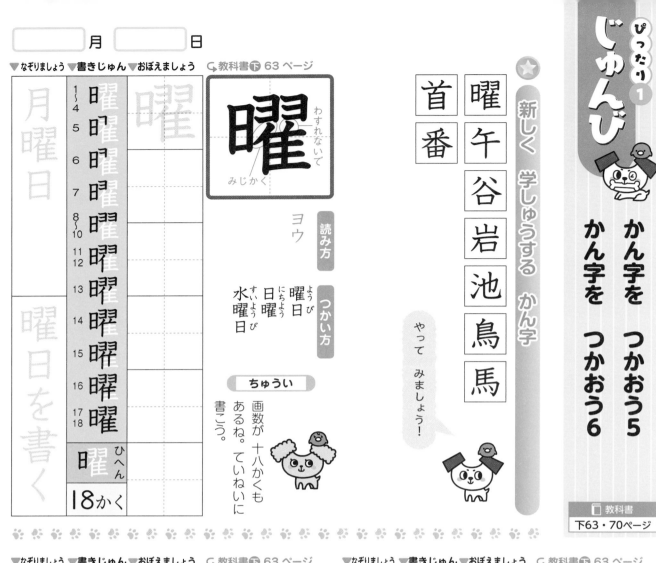

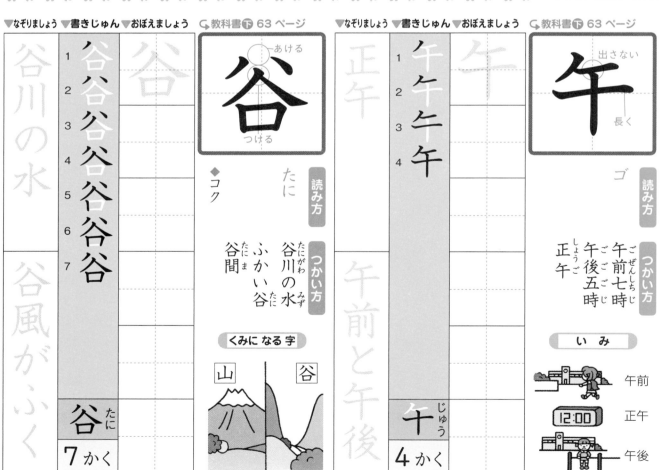

月　日

▼なぞりましょう ▼書きじゅん ▼おぼえましょう

教科書下 63ページ

池

長めに　はねる

池におちる
ふかい池

1 2 3 4 5 6

池 さんずい　6かく

読み方
チ
いけ

つかい方
ちょ水池《すいち》
池《いけ》のこい
ため池《いけ》

形の にた 字
地　池

ちがいは　どこかな？

▼なぞりましょう ▼書きじゅん ▼おぼえましょう

教科書下 63ページ

岩

ひらたく

大きな岩
岩かげ

1 2 3 4 5 6 7 8

岩 やま　8かく

読み方
ガン
いわ

つかい方
岩石《がんせき》
大《おお》きな岩《いわ》
岩山《いわやま》

でき方
山と石で、「山のように 大きな 石」の いみを あらわす 字。

岩

▼なぞりましょう ▼書きじゅん ▼おぼえましょう

教科書下 70ページ

馬

はねる
むきにちゅうい

馬が走る
馬をかう

1 2 3 4 5 6 7 8 9 10

馬 うま　10かく

読み方
バ
うま
ま

つかい方
馬車《ばしゃ》が走《はし》る
馬《うま》にのる
群馬県《ぐんまけん》

でき方
たてがみの ある、うまの 形から できた。

馬

▼なぞりましょう ▼書きじゅん ▼おぼえましょう

教科書下 70ページ

鳥

むきにちゅうい

鳥が鳴く
水鳥のむれ

1 2 3 4 5 6 7 8 9 10 11

鳥 とり　11かく

読み方
チョウ
とり

つかい方
白鳥《はくちょう》がとぶ
鳥《とり》のすばこ
わたり鳥《どり》

でき方
とりの 形から できた。

鳥

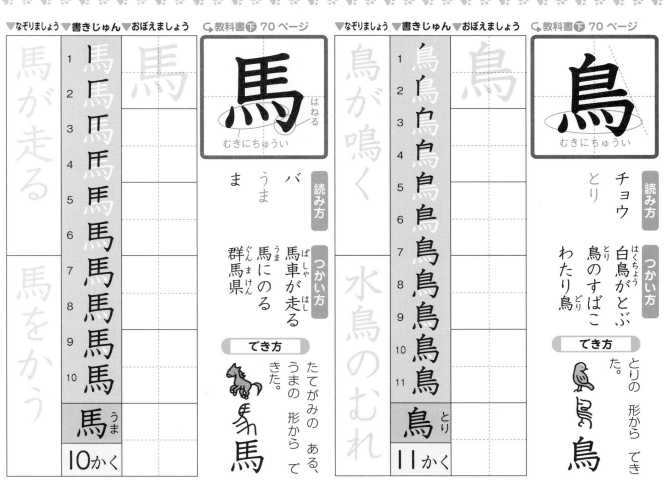

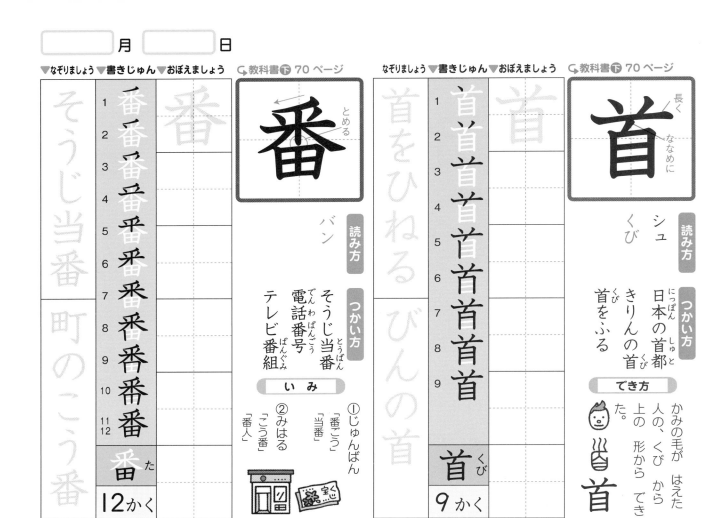

月　日

なぞりましょう　書きじゅん　おぼえましょう　教科書下 70 ページ

首

長く　ななめに

読み方：シュ　くび

つかい方：
日本《にっぽん》の首都《しゅと》
きりんの首《くび》
首《くび》をふる

でき方：
かみの毛が はえた 人の、くび から 上の 形から でき た。

首

書きじゅん：1〜9　首《くび》　9かく

首をひねる
びんの首

番

とめる

読み方：バン

つかい方：
そうじ当番《とうばん》
電話番号《でんわばんごう》
テレビ番組《ばんぐみ》

いみ：
①じゅんばん 「番ごう」「当番」
②みはる 「こう番」「番人」

書きじゅん：1〜12　番《た》　12かく

そうじ当番
町のこう番

読み方が 新しい かん字

かん字	前	後	石	画	作
読み方	ゼン	ゴ	セキ	ガ	サク
つかい方	午《ご》前《ぜん》十《じゅう》時《じ》	午《ご》後《ご》のよてい	さかなのか石《せき》	画《が》家《か》になる	そう作《さく》する
前に出た読み方	名前《なまえ》	後《うし》ろ	大《おお》きな石《いし》	画《かく》数《すう》	作《つく》る

一週間の 曜日の かん字も いっしょに おぼえましょう。

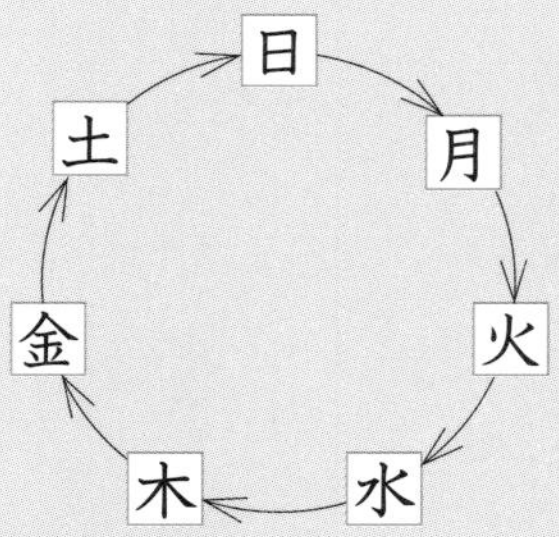

かん字を つかおう5
かん字を つかおう6

教科書 下63・70ページ
答え 7ページ

月　日

1 かん字を 読みましょう。

① 一日の 午前。（　　）
② 谷川の 水を くむ。（　　）
③ 海の そこの 岩。（　　）
④ 鳥の 絵を かく。（　　）
⑤ 馬を かう。（　　）
⑥ 町の こう番。（　　）
⑦ 画めんを 見つめる。（　　）

2 □に かん字を 書きましょう。

① □□□《すいようび》は 晴れ。
② □□《しょうご》に なる。
③ □□《ぜんご》を 見回す。
④ □□《がんせき》を ひろう。
⑤ □《いけ》の 水を ぬく。
⑥ □《くび》を かしげる。

⑦ 家で るす□《ばん》をする。
⑧ えい□《が》を 見る。
⑨ □□《さくぶん》を 書く。
⑩ □《ぜん》かいの つづき。
⑪ □《うま》に のる。
⑫ □《とり》が とび立つ。

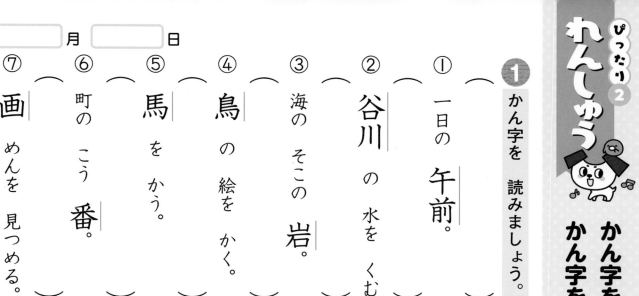

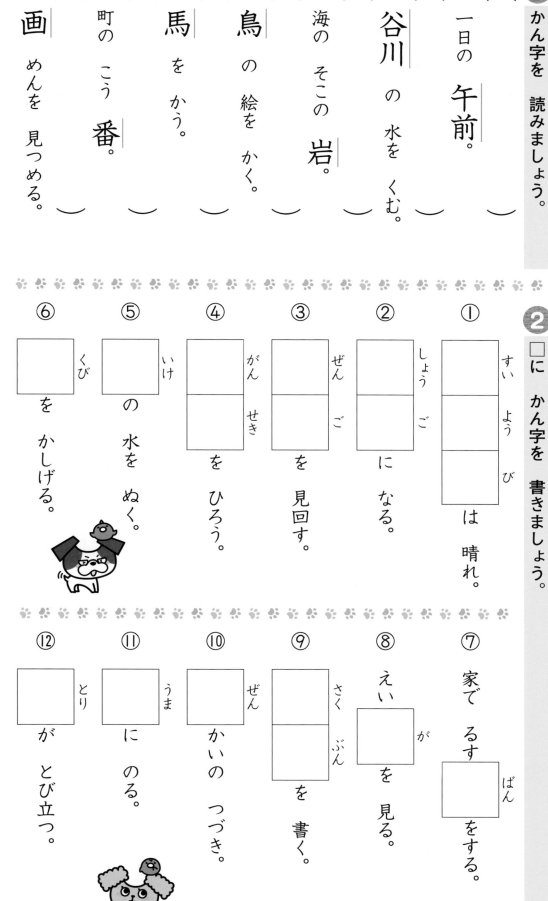

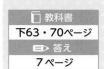

冬の チャレンジテスト

時間 30分　／100　ごうかく 80点

教科書 上112～下70ページ　答え 8ページ

1 ――せんの かん字の 読みがなを 書きましょう。　一つ2点（22点）

① だいすきな 本を 買（　）う。

② 姉（　）が 大きな 声で 歌（　）う。

③ 昼（　）ごはんを 食（　）べる。

④ 秋（　）が すぎたら 冬休（　）みが 来る。

⑤ 南（　）から くる わたり 鳥（　）。

⑥ 父（　）と いっしょに 母（　）は でかけた。

2 つぎの かん字の 正しい 書きじゅんの ほうに、○を つけましょう。　一つ3点（18点）

① 母　あ（　）　い（　）

② 午　あ（　）　い（　）

③ 止　あ（　）　い（　）

④ 米　あ（　）　い（　）

⑤ 春　あ（　）　い（　）

⑥ 番　あ（　）　い（　）

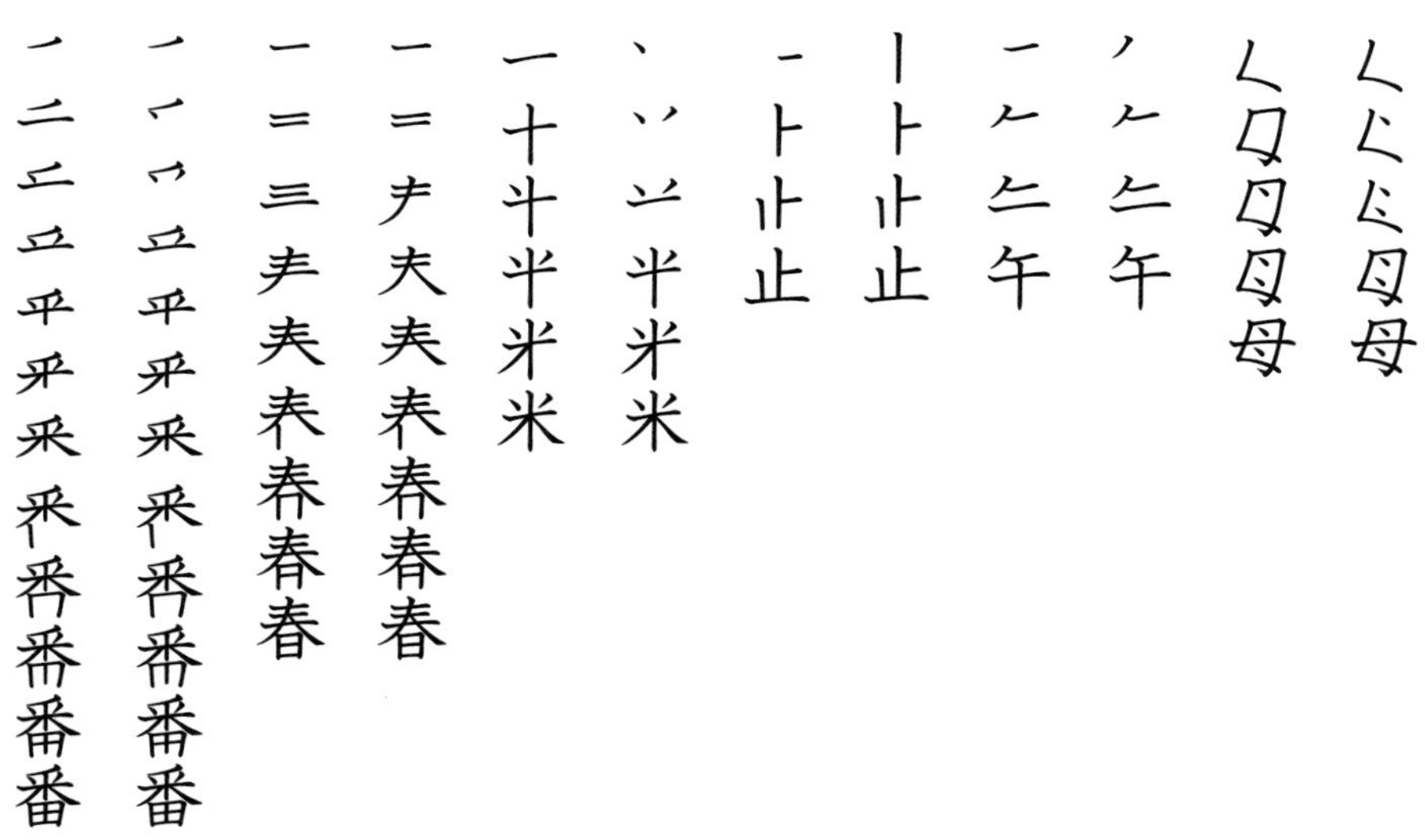

月　日

3 一つの ことばに なるように、上と 下を ――せんで むすびましょう。 一つ3点(30点)

①
- あ 雨・
- い 書・
- う 当・
- え 台・
- お 広・

・場　・店　・地　・雲　・番

②
- あ 天・
- い 音・
- う 先・
- え 方・
- お 午・

・週　・角　・才　・後　・楽

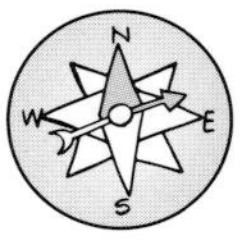

4 つぎの □に、かん字を 書きましょう。 一つ3点(30点)

① □《なつ》まつりが ある。

② □《と》を あける。

③ □《うま》が 走る。

④ □《くび》を 回す。

⑤ 父の わらい□《がお》。

⑥ □《かみ》を おる。

⑦ □《きょう》□《しつ》に 入る。

⑧ □《にし》□《かぜ》が ふきはじめた。

⑨ □《か》□《よう》□《び》の 時間わり。

⑩ □《ず》□《が》□《こう》□《さく》が とくいだ。

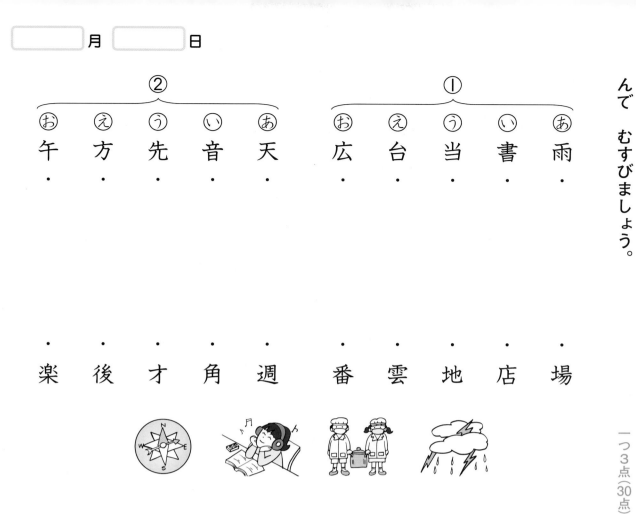

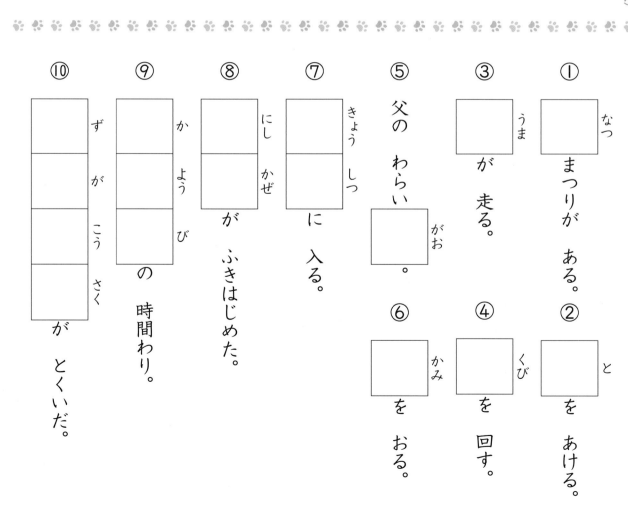

ぴったり1 じゅんび

むかしから つたわる 言い方／かん字の 読み方と おくりがな

教科書 下72〜79ページ

新しく 学しゅうする かん字

魚 電 細

月 日

▼なぞりましょう ▼書きじゅん ▼おぼえましょう 教科書下 79 ページ

魚

むきに ちゅうい

読み方
ギョ
さかな
うお

つかい方
金魚《きんぎょ》をかう
魚《さかな(うお)》つり
魚市場《うおいちば》

でき方
さかなの 形から できた。

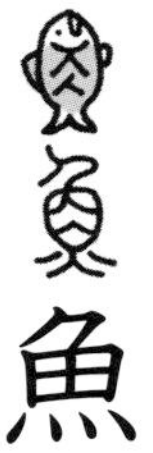

書きじゅん 1〜11
魚《うお》
11かく

小さな魚
魚をやく
魚やさん
魚のなかま

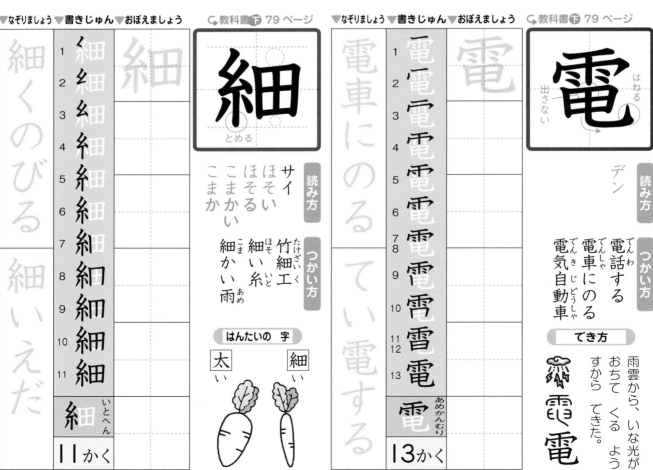

▼なぞりましょう ▼書きじゅん ▼おぼえましょう 教科書下 79 ページ

電

はねる
出さない

読み方
デン

つかい方
電話《でんわ》する
電車《でんしゃ》にのる
電気自動車《でんきじどうしゃ》

でき方
雨雲から、いな光が おちて くる ようすから できた。

書きじゅん 1〜13
電《あめかんむり》
13かく

電車にのる
てい電する

▼なぞりましょう ▼書きじゅん ▼おぼえましょう 教科書下 79 ページ

細

とめる

読み方
サイ
ほそい
ほそる
こまかい
こまか

つかい方
竹細工《たけざいく》
細《ほそ》い糸《いと》
細《こま》かい雨《あめ》

はんたいの 字
太い ⇔ 細い

書きじゅん 1〜11
細《いとへん》
11かく

細くのびる
細いえだ

月　　日

読み方が　新しい　かん字

かん字	読み方	つかい方	前に 出た 読み方
回	カイ	回《かい》数《すう》を数《かぞ》える	回《まわ》る
下	くだる	さかを下《くだ》る	下《お》りる　下《さ》がる　下《した》・上下《じょうげ》　下《さ》げる　下《お》ろす
	くだす	はらを下《くだ》す	
	くださる	本《ほん》を下《くだ》さる	
後	あと	人《ひと》の後《あと》につく	後《うし》ろ　午後《ごご》
外	そと	家《いえ》の外《そと》で会《あ》う	外国《がいこく》　外《はず》れる
明	あかり	家《いえ》の明《あ》かり	明《あか》るい　明《あか》るむ　明《あか》らむ
	あける	年《とし》が明《あ》ける	
	あく	目《め》が明《あ》く	
	あくる	明《あ》くる日《ひ》	
	あかす	夜《よる》を明《あ》かす	

かん字	読み方	つかい方	前に 出た 読み方
田	デン	田《でん》園《えん》ふうけい	田《た》んぼ
国	くに	せかいの国《くに》	国名《こくめい》
角	かど	まがり角《かど》	三角形《さんかくけい》

かん字クイズ 5

絵を見ると、かん字に　足りない　ところが　あるのが　わかりますね。書きくわえて、正しい　かん字に　しましょう。

答え 12ページ

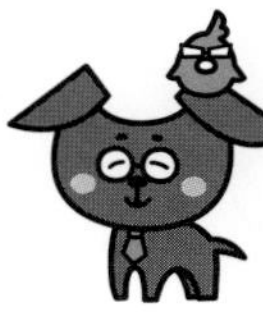

①

也

②

氏

月　　日

ぴったり2 れんしゅう

むかしから つたわる 言い方
かん字の 読み方と おくりがな

教科書 下72～79ページ
答え 8ページ

1 かん字を 読みましょう。

① 回数を 数える。（　）（　）
② 山を 下る。（　）
③ 後回しに する。（　）
④ 小さな 魚が いる。（　）
⑤ 電気を つける。（　）
⑥ 細い 糸で ぬう。（　）
⑦ 近くの 国へ 行く。（　）

2 □に かん字を 書きましょう。

① 四□《かい》 まわる。
② けっていを □《くだ》す。
③ 手紙を □《くだ》さる。
④ 円の □《そと》がわ。
⑤ □《うお》ざの うらない。
⑥ □《きん》□《ぎょ》すくいを する。

⑦ □《でん》話《わ》が 鳴る。
⑧ □《こま》かく 切る。
⑨ 夜が □《あ》ける。
⑩ □《でん》□《えん》を さんぽする。
⑪ 生まれそだった □《くに》。
⑫ まがり □《かど》を すすむ。

月　日

ぴったり1 じゅんび

あなの やくわり
かん字を つかおう7

教科書 下80～91ページ

新しく 学しゅうする かん字

通　汽　刀　弓　矢　直　里　寺　黒

ちょうせん しましょう！

▼なぞりましょう ▼書きじゅん ▼おぼえましょう　教科書下 86 ページ

通（つき出す／ひとふでで書く）

読み方
ツウ
とおる
とおす
かよう
◆ツ

つかい方
右《みぎ》がわ通行《つうこう》
大通《おおどお》り
学校《がっこう》に通《かよ》う

いみ
「通」は、「一通、二通…」と、手紙などを 数えるのにも つかうね。

書きじゅん：1〜10　しんにょう（しんにゅう）　10かく

なぞりましょう：通り雨　ひもを通す　通される　通りかかる

▼なぞりましょう ▼書きじゅん ▼おぼえましょう　教科書下 91 ページ

汽（はねる）

読み方
キ

つかい方
汽車《きしゃ》にのる
汽船《きせん》
船《ふね》の汽《き》てき

形の にた 字
気　汽

ちがいは どこかな？

書きじゅん：1〜7　さんずい　7かく

なぞりましょう：汽車を見る　汽てきの音

▼なぞりましょう ▼書きじゅん ▼おぼえましょう　教科書下 91 ページ

刀（出さない／はねる）

読み方
トウ
かたな

つかい方
日本刀《にほんとう》
刀《かたな》で切《き》る
小刀《こがたな》

でき方
かたなの 形から できた。

書きじゅん：1〜2　かたな　2かく

なぞりましょう：刀をぬく　するどい刀

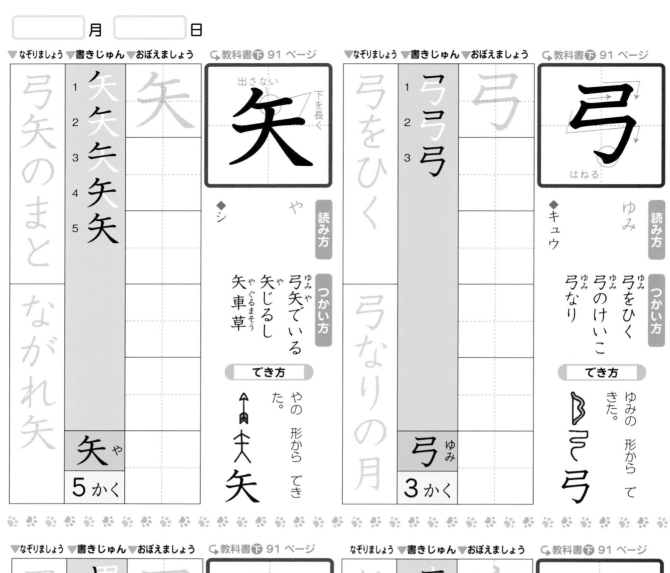

月　日

なぞりましょう　書きじゅん　おぼえましょう　教科書下 91 ページ

弓

はねる

読み方
ゆみ
◆キュウ

つかい方
弓《ゆみ》をひく
弓《ゆみ》のけいこ
弓《ゆみ》なり

でき方
ゆみの 形から できた。

弓《ゆみ》　3かく

弓をひく
弓なりの月

なぞりましょう　書きじゅん　おぼえましょう　教科書下 91 ページ

矢

出さない　下を長く

読み方
や
◆シ

つかい方
弓矢《ゆみや》でいる
矢《や》じるし
矢車草《やぐるまそう》

でき方
やの 形から できた。

矢《や》　5かく

弓矢のまと
ながれ矢

なぞりましょう　書きじゅん　おぼえましょう　教科書下 91 ページ

直

つける

読み方
チョク
ジキ
ただちに
なおす
なおる

つかい方
直線《ちょくせん》・正直《しょうじき》
直《ただ》ちに行《い》く
作《つく》り直《なお》す

はんたいの 字

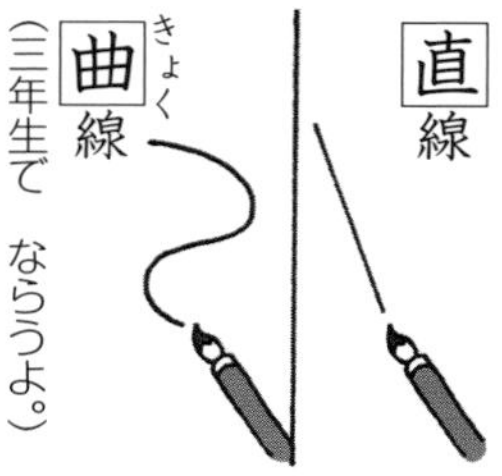

目《め》　8かく

じっ直な人
直角な角

なぞりましょう　書きじゅん　おぼえましょう　教科書下 91 ページ

里

出さない　下を長く

読み方
リ
さと

つかい方
きょう里《り》
里《さと》いも
村里《むらざと》

でき方
田と土を 組みあわせた 字。「山あいの 村。ふるさと。」のいみ。

里

里《さと》　7かく

里にかえる
山里の春

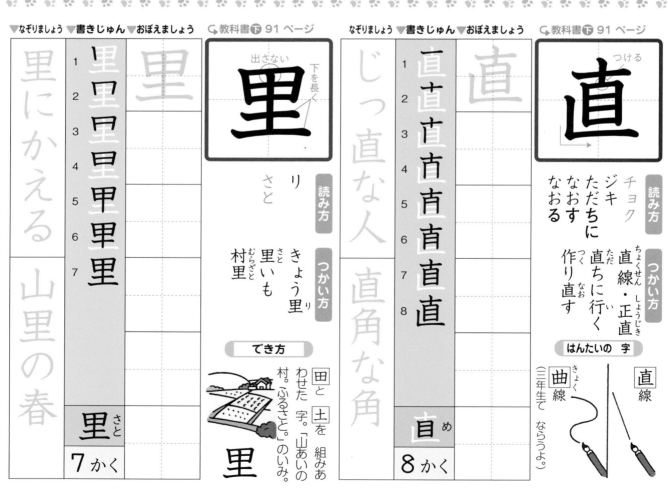

月　日

▼なぞりましょう ▼書きじゅん ▼おぼえましょう
教科書下 91 ページ

寺

長く　はねる

読み方
ジ
てら

つかい方
古寺《こじ》
お寺《てら》まいり
山寺《やまでら》

くみになる　字
社《やしろ》（じん社）　寺

書きじゅん　1 寺　2 寺　3 寺　4 寺　5 寺　6 寺

寺《すん》

6 かく

寺
ふるいお寺
寺にまいる

▼なぞりましょう ▼書きじゅん ▼おぼえましょう
教科書下 91 ページ

黒

下をながく　むきにちゅうい

読み方
コク
くろい
くろ

つかい方
黒板《こくばん》に書《か》く
はら黒《ぐろ》い人《ひと》
まっ黒《くろ》

はんたいの　字
白　黒

書きじゅん　1 黒　2 黒　3 黒　4 黒　5 黒　6 黒　7 黒　8 黒　9 黒　10 黒　11 黒

黒《くろ》

11 かく

黒
黒と白
黒インク

読み方が　あたらしい　かん字

かん字	読み方	つかい方	前に 出た 読み方
先	さき	ゆびの先《さき》	先生《せんせい》
木	ボク	木刀《ぼくとう》を買《か》う	木《き》　木曜日《もくようび》　木かげ《こ》

「気」と「汽」、「親」と「新」、「弓」と「引」など、同じ　ところが　あるね。今回《こんかい》ならったかん字の中にも、同じ　ところを　もつ　かん字が　あるね。

　ほかにも、同じ　ところを　もつ　かん字を　あつめて　みよう。たくさん　あるよ。

あなの やくわり
かん字を つかおう7

月　　日

1 かん字を 読みましょう。

① ペンの 先。（　　）
② 汽車が 走る。（　　）
③ 大木を 切る。（　　）
④ 矢じるしを つける。（　　）
⑤ 弓を ひく。（　　）
⑥ 直線を 引く。（　　）
⑦ 里いもを ほる。（　　）

2 □に かん字を 書きましょう。

① □《さき》□《まわ》りを する。
② やたいが ならぶ □《とお》り。
③ 糸を □《とお》す。
④ 船の □《き》てきが ひびく。
⑤ さむらいが □《かたな》を もつ。
⑥ □《ゆみ》の けいこ。

⑦ □《ちょく》せつ 話す。
⑧ □《さと》□《やま》の くらし。
⑨ □《ひと》□《ざと》を はなれる。
⑩ ふるい お□《てら》。
⑪ □《くろ》と 白の もよう。
⑫ □《こく》ばんを うつす。

教科書 下80～91ページ
答え 8ページ

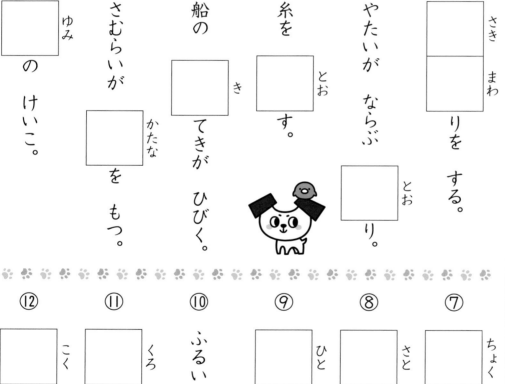

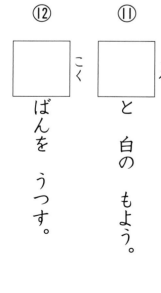

月　　日

ぴったり1 じゅんび

はんたいの　いみの　ことば　くらべて　つたえよう

教科書 下92～101ページ

☆新しく　学しゅうする　かん字

弱　遠　古　半　公　理

なんどもくりかえしてみましょう！

▼なぞりましょう▼書きじゅん▼おぼえましょう　教科書下92ページ

弱《むきにちゅうい》

読み方：ジャク　よわい　よわる　よわまる　よわめる

つかい方：弱点《じゃくてん》　力《ちから》が弱《よわ》い　体《からだ》が弱《よわ》る

はんたいの　字：強い　弱い

「弱」と「強」は　はんたいなのに、どちらも弓が　あるね。

弓《ゆみへん》　10かく

体が弱る　弱ってくる

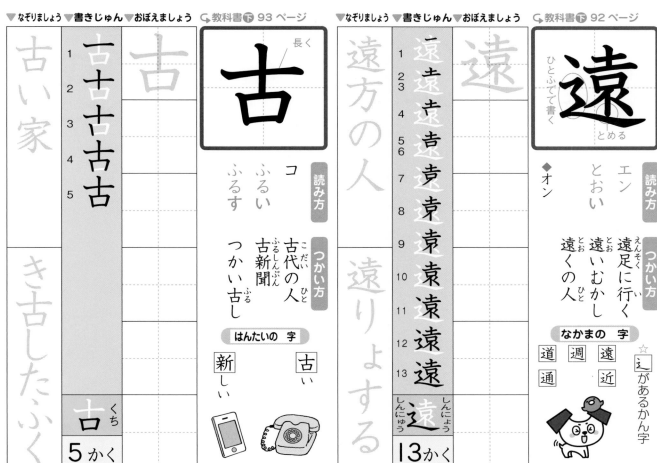

▼なぞりましょう▼書きじゅん▼おぼえましょう　教科書下92ページ

遠（ひとふでで書く・とめる）

読み方：エン　とおい　◆オン

つかい方：遠足《えんそく》に行《い》く　遠《とお》いむかし　遠《とお》くの人《ひと》

なかまの　字：☆辶があるかん字　遠　近　週　道　通

辶《しんにょう・しんにゅう》　13かく

遠方の人　遠りょする

▼なぞりましょう▼書きじゅん▼おぼえましょう　教科書下93ページ

古（長く）

読み方：コ　ふるい　ふるす

つかい方：古代《こだい》の人《ひと》　古新聞《ふるしんぶん》　つかい古《ふる》し

はんたいの　字：古い　新しい

口《くち》　5かく

古い家　き古したふく

▼なぞりましょう ▼書きじゅん ▼おぼえましょう
教科書下 93 ページ

半

長く

読み方
ハン
なかば

つかい方
半分《はんぶん》ずつ
朝《あさ》の七時半《しちじはん》
試合《しあい》の半《なか》ば

でき方
牛を 二つに わける 形から、「はんぶん」を あらわす 字。

書きじゅん：1〜5
部首：十（じゅう）
5かく

半分に切る
半年すぎた

▼なぞりましょう ▼書きじゅん ▼おぼえましょう
教科書下 93 ページ

公

あける
とめる

読み方
コウ
◆おおやけ

つかい方
公園《こうえん》
公平《こうへい》
公表《こうひょう》する

でき方
八（ひらく）と 厶（くち）で、入り口を あけて 中を 見せる いみの 字。

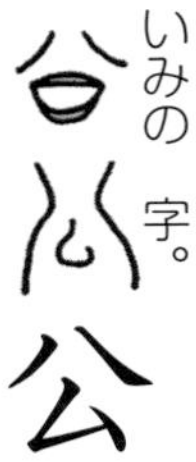

書きじゅん：1〜4
部首：八（はち）
4かく

公園の草花
公正な人

▼なぞりましょう ▼書きじゅん ▼おぼえましょう
教科書下 98 ページ

理

長く

読み方
リ

つかい方
理由《りゆう》を言《い》う
りょう理《り》
理科《りか》

い み
①ものごとの どうり 「理由《りゆう》」「理科」
②ととのえる 「りょう理」「しゅう理」

書きじゅん：1〜11
部首：王（たまへん・おうへん）
11かく

理かいする
しゅう理

とくべつな読み方をすることば

ことば	読み方	つかい方
今年	ことし	今年《ことし》の目当《めあ》て
時計	とけい	大《おお》きな時計《とけい》
下手	へた	字《じ》が下手《へた》な人《ひと》

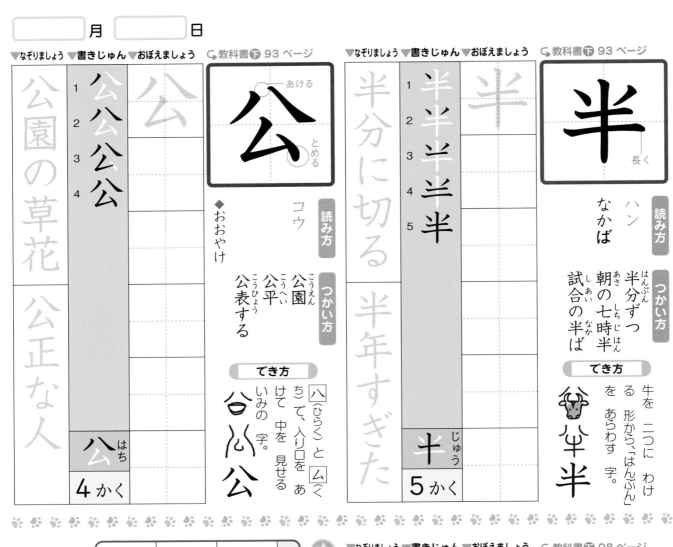

かん字	読み方	つかい方	前に 出た 読み方
台	タイ	台風《たいふう》が近《ちか》づく	土台《どだい》
組	くみ	二《に》年《ねん》三《さん》組《くみ》	組《く》み立《た》て
左	サ	左《さ》せつする	左手《ひだりて》
右	ユウ	左右《さゆう》を見《み》る	右足《みぎあし》
強	キョウ	べん強《きょう》をする	強《つよ》い　強《つよ》まる
近	キン	近《きん》じょにすむ	近《ちか》い
売	バイ	売《ばい》きゃくする	売《う》る
買	バイ	売買《ばいばい》する	買《か》う
上	かみ	ぶたいの上手《かみて》	上《うえ》　上《あ》げる　上《のぼ》る　上《うわ》ばき　上下《じょうげ》

かん字	読み方	つかい方	前に 出た 読み方
下	しも	川《かわ》の下手《しもて》	下《した》　上下《じょうげ》　下《さ》げる　下《お》ろす　下《くだ》る
学	まなぶ	兄《あに》から学《まな》ぶ	学校《がっこう》

はんたいの　いみの　ことば

弱

「弱い」の　はんたいの　いみの　ことばは「強い」です。

遠

「遠い」の　はんたいの　いみの　ことばは「近い」です。

古

「古い」の　はんたいの　いみの　ことばは「新しい」です。

おぼえておきましょう。

　　月　　日

ぴったり2 れんしゅう

はんたいの いみの ことば　くらべて つたえよう

1 かん字を 読みましょう。

①（　　）遠足に 行く。

②（　　）今年の もくひょう。

③（　　）大きな 時計を 買う。

④（　　）公園に あつまる。

⑤（　　）しょう売の あい手。

⑥（　　）わざと 下手に 書く。

⑦（　　）本から 学ぶ。

2 □に かん字を 書きましょう。

① 妹は 体が □《よわ》い。

② □《たい》□《ふう》が ちかづく。

③ □《ふる》い たてもの。

④ □《はん》□《ぶん》に 切る。

⑤ 二年一□《くみ》の 教室。

⑥ □《さ》□《ゆう》を 見る。

⑦ □《きょう》てきを たおす。

⑧ □《きん》じょに すむ。

⑨ ものを □《ばい》□《ばい》する。

⑩ □《かわ》□《かみ》を めざす。

⑪ りょう□《り》を 食べる。

⑫ ふでばこを つかい □《ふる》す。

教科書 下92～101ページ
答え 9ページ

月　日

ぴったり1 じゅんび

声に 出して みよう たからものを しょうかいしよう

教科書 下102～109ページ

新しく 学しゅうする かん字

用

▼なぞりましょう ▼書きじゅん ▼おぼえましょう 教科書下 103ページ

用

はねる　つき出す

読み方　ヨウ　もちいる

つかい方
用《よう》が ある
火《ひ》の 用心《ようじん》
道具《どうぐ》を 用《もち》いる

ちゅうい
○用 ×用
形に 気を つけて 書こうね。

書きじゅん　1 2 3 4 5
用《もちいる》　5かく

かいとう用紙
用をすます

読み方が 新しい かん字

かん字	読み方	つかい方	前に 出た 読み方
紙	シ	画用紙《がようし》を切《き》る	紙《かみ》
角	つの	さいの角《つの》	三角形《さんかくけい》　まがり角《かど》

とくべつな 読み方を する ことば

ことば	読み方	つかい方
明日	あす	明日《あす》は休《やす》みだ
今朝	けさ	今朝《けさ》はさむい
川原	かわら	川原《かわら》であそぶ
七夕	たなばた	七夕《たなばた》の夜《よる》

ぴったり1 じゅんび

お手紙　かん字を　つかおう8

教科書 下114〜131ページ

新しく　学しゅうする　かん字

毎　帰　羽　京　麦　交

▼なぞりましょう▼書きじゅん▼おぼえましょう　教科書下 118ページ

毎（長く　はねる　とめる）

読み方：マイ

つかい方：
- 毎日《まいにち》のこと
- 毎朝《まいあさ》の食事《しょくじ》
- 毎週《まいしゅう》の月曜《げつよう》

ちゅうい：○毎　×毎　下の　ぶぶんは「母」では　ないよ。

書きじゅん：1〜6　毎

なかれ　毎

6かく

毎年さく花　毎ばん

▼なぞりましょう▼書きじゅん▼おぼえましょう　教科書下 119ページ

帰（とめる　はらう　はねる）

読み方：キ　かえる　かえす

つかい方：
- 帰《き》たくする
- 家《いえ》へ帰《かえ》る
- 家《いえ》に帰《かえ》す

組に　なる　字：来る　帰る

書きじゅん：1〜10　帰

はば　巾

10かく

先に家へ帰す　早く帰る

▼なぞりましょう▼書きじゅん▼おぼえましょう　教科書下 131ページ

羽（むきにちゅうい　はねる）

読み方：は　はね　◆ウ

つかい方：
- 羽根《はね》つき
- 三羽《さんば》の鳥《とり》
- カラスの羽《はね》

でき方：二まいの　とりの　はねの形から　できた。

書きじゅん：1〜6　羽

はね　羽

6かく

とんぼの羽　羽が生える

月　日

▼なぞりましょう ▼書きじゅん ▼おぼえましょう　教科書（下）131 ページ

京

長く　とめる　はらう　はねる

読み方　キョウ　◆ケイ

つかい方　東京《とうきょう》　京都《きょうと》　上京《じょうきょう》する

でき方　おかの 上に たてものが ある 形から、国の 中心を あらわした。

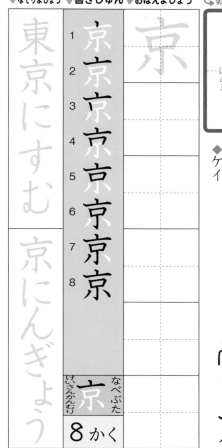

京　なべぶた（けいさんかんむり）　8かく

書きじゅん：1 2 3 4 5 6 7 8

東京にすむ　京にんぎょう

▼なぞりましょう ▼書きじゅん ▼おぼえましょう　教科書（下）131 ページ

麦

長く　はらう

読み方　むぎ　◆バク

つかい方　麦《むぎ》わら　麦《むぎ》ばたけ　麦茶《むぎちゃ》をのむ

なかまの 字　☆こくもつの かん字　麦　米

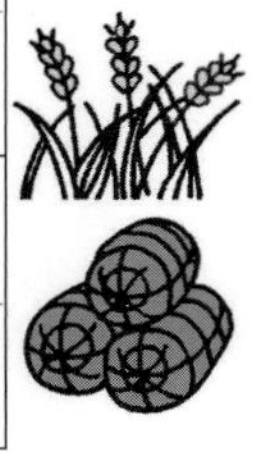

麦《むぎ》　7かく

書きじゅん：1 2 3 4 5 6 7

小麦色　麦がそだつ

▼なぞりましょう ▼書きじゅん ▼おぼえましょう　教科書（下）131 ページ

交

あける　とめる　はらう

読み方　コウ　まじわる　まじえる　まじる・まざる　まぜる　◆かう・かわす

つかい方　交代《こうたい》する　道《みち》が交《まじ》わる　入《い》り交《ま》じる

でき方　人が 足を まじわらせた 形から できた。

交　なべぶた（けいさんかんむり）　6かく

書きじゅん：1 2 3 4 5 6

交つうじこ　交さ点

読み方が 新しい かん字

かん字	読み方	つかい方	前に 出た 読み方
親	シン	りょう親《しん》	親《おや》　親《した》しい
友	ユウ	友人《ゆうじん》と会《あ》う	友《とも》だち
直	なおす　なおる	書《か》き直《なお》す	直線《ちょくせん》
通	ツウ	通学《つうがく》する	通《とお》る

にた いみの ことば

教科書 下132～133ページ

新しく 学しゅうする かん字

あせらずに、ゆっくりと れんしゅうしましょう！

星

教科書下 132 ページ

星（つき出す・長く）

読み方：セイ　ほし　◆ショウ

つかい方：火星《かせい》と水星《すいせい》　ながれ星《ぼし》　星空《ほしぞら》を見《み》る

でき方：きらめく ほしと、草のめの 形から できた。

書きじゅん：1～9　星（ひ）　9かく

なぞりましょう：星　きらめく星　黒星がつく　星の数ほど　ながれ星

月　日

読み方が 新しい かん字

かん字	読み方	つかい方	前に 出た 読み方
今	コン	今週《こんしゅう》のよてい	今《いま》
夜	ヤ	十五夜《じゅうごや》	夜《よる》の間《あいだ》　夜中《よなか》
雪	セツ	雪原《せつげん》が広《ひろ》がる	雪《ゆき》
船	セン	船長《せんちょう》の話《はなし》	船《ふね》
朝	チョウ	明日《あす》のそう朝《ちょう》	朝《あさ》
食	ショク	食《しょく》パンを買《か》う	食《た》べる　食《く》う
昼	チュウ	昼食《ちゅうしょく》の時間《じかん》	昼《ひる》
色	ショク	十二色《じゅうにしょく》	色《いろ》

二年生で ならう かん字は、160字。すべて 読み書きできるように なりましょうね。

声に 出して みよう／たからものを しょうかいしよう
お手紙／かん字を つかおう8
にた いみの ことば

教科書 下102〜133ページ
答え 9ページ

□月 □日

1 かん字を 読みましょう。

①（　　）画用紙に かく。

②（　　）明日の よてい。

③（　　）今朝は 早く おきた。

④（　　）川原で 石を あつめる。

⑤（　　）七夕の 夜。

⑥（　　）親切な 人。

⑦ 新しく 書き（　　）直す。

2 □に かん字を 書きましょう。

① どうぶつの □《つの》。

② □□《まいにち》 さんぽする。

③ 学校からの □《かえ》り道。

④ □□《ゆうじん》が 多い。

⑤ □《はね》を 休める。

⑥ □□《とうきょう》へ むかう。

⑦ つめたい □□《むぎちゃ》。

⑧ □□《こうつう》 あんぜん

⑨ □□《こんや》は まん月だ。

⑩ □《ほし》が かがやく。

⑪ □□《ちゅうしょく》の 時間。

⑫ 四□《しょく》の 絵の具《ぐ》。

春の チャレンジテスト

時間 30分　／100　ごうかく 80点

教科書 下72～133ページ　答え 9ページ

1 ―線の かん字の 読みがなを 書きましょう。 一つ2点（22点）

① きらめく 星（　）を見る。

② 弓（　）を ひいて 矢（　）を とばす。

③ 電車（　）（　）にのって 帰（　）る。

④ 里（　）に ある 古（　）くなった 寺（　）を たずねる。

⑤ 細（　）くて するどい 刀（　）を かざる。

⑥ 公園（　）（　）を めざして 遠足（　）（　）に 行く。

2 つぎの 文に つかうとき、正しい かん字は ｛ ｝の 中の どちらですか。○で かこみましょう。 一つ3点（18点）

① 父の ｛会社・合社｝を 見学する。

② チームの 人数が ｛少・小｝ない。

③ ｛気車・汽車｝の きてきが 聞こえる。

④ 車が はやい スピードで ｛歩・走｝りさった。

⑤ ｛毎朝・海朝｝早く おきる。

⑥ 三時間目は ｛里科・理科｝の じゅぎょうだ。

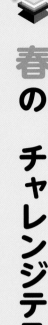

月　日

3 つぎの かん字の、二通り または 三通りの 読み方を 書きましょう。

一つ2点（30点）

① 魚
　あ 魚を さばく。（　　）
　い 金魚を かう。（　　）

② 親
　あ 本に 親しむ。（　　）
　い 親切な 人。（　　）

③ 明
　あ 明るい 人。（　　）
　い 夜が 明ける。（　　）

④ 友
　あ 友だち（　　）
　い 友じょう（　　）

⑤ 角
　あ 角を まがる。（　　）
　い どうぶつの 角。（　　）

⑥ 後
　あ 後の 人。（　　）
　い 後ろの 人。（　　）

⑦ 夜
　あ 今夜の 月。（　　）
　い 夜に なる。（　　）
　う 夜中に なる。（　　）

4 つぎの □に、かん字を 書きましょう。

一つ3点（30点）

① □《こう》たいする。

② □《はね》つきを する。

③ □《こく》ばん の前。

④ 道を □《とお》る。

⑤ □《とう》□《きょう》の 人。

⑥ 長い □《ちょく》□《せん》。

⑦ □《むぎ》□《ちゃ》を のむ。

⑧ ケーキを □《はん》□《ぶん》に わける。

⑨ □《きょう》□《じゃく》を つけて 歌う。

⑩ □《が》□《よう》□《し》に かく。

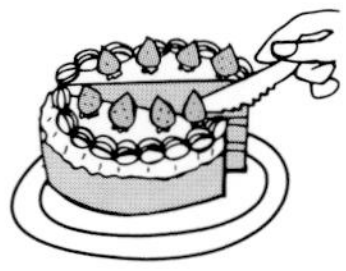

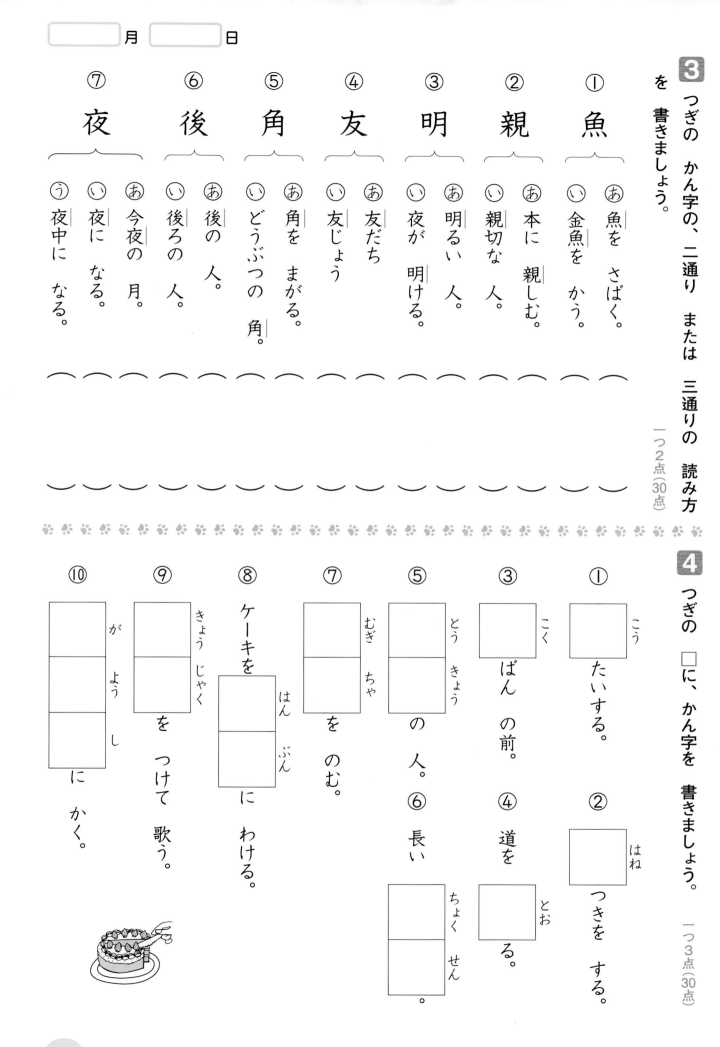

読み方さくいん

◆二年生で　ならう　かん字の　読みを　ぜんぶ　のせて　います。
◆かたかなは　音読み、ひらがなは　くん読みです。
◆＊の　読みは　小学校では　ならわない　読み方です。
◆すう字は　この　本で　出て　くる　ページです。

あ

読み	かん字	ページ
あいだ	間	14
あう	会	25
あう	合	42
あかす	明	30
あからむ	明	30
あかり	明	30
あかるい	明	30
あかるむ	明	30
あき	秋	60
あきらか	明	30
あく	明	30
あくる	明	30
あける	明	30
あさ	朝	56
あたま	頭	24
あたらしい	新	52
あたる	当	15
あてる	当	15
あと	後	51
あに	兄	61
あね	姉	62
あゆむ	歩	43
あらた	新	52
あるく	歩	43
あわす	合	42
あわせる	合	42
＊アン	行	9

い

読み	かん字	ページ
いう	言	5
いえ	家	32
いく	行	9
いけ	池	71
いち	市	57
いま	今	29
いもうと	妹	44
いろ	色	21
いわ	岩	71
イン	引	51

う

読み	かん字	ページ
＊ウ	羽	88
うお	魚	76
うし	牛	25
うしろ	後	51
うた	歌	67
うたう	歌	67
うち	内	51
うま	馬	71
うみ	海	52
うる	売	66
うれる	売	66
ウン	雲	55

え

読み	かん字	ページ
エ	絵	47
＊エ	会	25
＊エ	回	20
エン	園	36
エン	遠	83

お

読み	かん字	ページ
オウ	黄	20
おおい	多	14
＊おおやけ	公	84
＊おくれる	後	51
おこなう	行	9
おしえる	教	33
おそわる	教	33
おとうと	弟	44
おなじ	同	37
おもう	思	26
おや	親	29
＊オン	遠	83

か

読み	かん字	ページ
カ	夏	60
カ	家	32
＊カ	何	13
カ	科	16
カ	歌	67
ガ	画	11
カイ	絵	47
カイ	会	25
カイ	海	52
カイ	回	20
ガイ	外	21
かう	買	66
＊かう	交	89
かえす	帰	88
かえる	帰	88
かお	顔	43
カク	画	11
カク	角	59
かく	書	10
ガク	楽	42
かざ	風	4
＊かしら	頭	24
かず	数	11
かぜ	風	4
かぞえる	数	11
かた	方	10
かた	形	51
かたち	形	51
かたな	刀	79
かたらう	語	45
かたる	語	45
カッ	合	42
カツ	活	16
ガッ	合	42
かど	角	59
＊かど	門	16
かみ（がみ）	紙	62
かよう	通	79
からだ	体	36
＊かわす	交	89
カン	間	14
ガン	元	4
ガン	岩	71
ガン	丸	5
ガン	顔	43
かんがえる	考	13

き

読み	かん字	ページ
キ	記	9
キ	汽	79
キ	帰	88
き	黄	20
きく	聞	13
きこえる	聞	13
きた	北	50
＊きたす	来	16
＊きたる	来	16
＊キュウ	弓	80
ギュウ	牛	25
ギョ	魚	76
キョウ	教	33
キョウ	兄	61
キョウ	京	89
キョウ	強	52
ギョウ	行	9
ギョウ	形	51
きる	切	45
きれる	切	45
キン	近	50
＊キン	今	29

く

読み	かん字	ページ
ク	工	50
くう	食	43
くに	国	21
くび	首	72
くみ	組	32
くむ	組	32
くも	雲	55
＊くらう	食	43
くる	来	16
くろ	黒	81
くろい	黒	81

け

読み	かん字	ページ
ケ	家	32
け	毛	15
＊ゲ	夏	60
＊ゲ	外	21
ケイ	形	51

読み	漢字	ページ
＊ケイ	兄	61
＊ケイ	京	89
ケイ	計	30
ケン	間	14
ゲン	言	5
ゲン	元	4
ゲン	原	24
こ		
コ	古	83
コ	戸	67
＊こ	黄	20
ゴ	後	51
ゴ	午	70
ゴ	語	45
コウ	行	9
＊コウ	黄	20
コウ	高	20
コウ	広	47
コウ	光	5
コウ	考	13
コウ	後	51
コウ	公	84
コウ	工	50
コウ	交	89
コウ	合	42
＊ゴウ	強	52
こえ	声	6
コク	黒	81
コク	国	21
＊コク	谷	70
こころ	心	33
こた**え**	答	25
こた**える**	答	25
こと	言	5
こま**か**	細	76
こま**かい**	細	76
こめ	米	67
＊こわ	声	6
コン	今	29
ゴン	言	5
さ		
サ	作	10
＊サ	茶	59
＊サイ	切	45
サイ	西	61
サイ	細	76
サイ	才	45
さかな	魚	76
サク	作	10
さと	里	80
サン	算	30
し		
シ	思	26
＊シ	姉	62
シ	紙	62
シ	止	44
シ	市	57
シ	自	32
＊シ	矢	80
ジ	時	15
ジ	寺	81
ジ	地	21
ジ	自	32
＊し**いる**	強	52
シキ	色	21
＊ジキ	食	43
ジキ	直	80
した**しい**	親	29
した**しむ**	親	29
シツ	室	62
シャ	社	29
ジャク	弱	83
シュ	首	72
シュウ	週	57
シュウ	秋	60
シュン	春	59
ショ	書	10
＊ショウ	声	6
＊ショウ	星	90
ショウ	少	15
ジョウ	場	25
ショク	色	21
ショク	食	43
し**る**	知	36
しる**す**	記	9
シン	親	29
シン	新	52
シン	心	33
す		
＊ス	数	11
ズ	図	47
ズ	頭	24
スウ	数	11
すく**ない**	少	15
すこ**し**	少	15
せ		
セイ	晴	55
セイ	声	6
セイ	西	61
セイ	星	90
セツ	雪	42
セツ	切	45
セン	線	11
セン	船	56
ゼン	前	22
そ		
ソ	組	32
ソウ	走	43
そと	外	21
＊その	園	36
た		
タ	太	37
タ	多	14
タイ	太	37
タイ	体	36
タイ	台	45
＊ダイ	内	51
ダイ	弟	44
ダイ	台	45
たか	高	20
たか**い**	高	20
たか**まる**	高	20
たか**める**	高	20
ただ**ちに**	直	80
たに	谷	70
たの**しい**	楽	42
たの**しむ**	楽	42
た**べる**	食	43
ち		
チ	知	36
チ	池	71
チ	地	21
ちか**い**	近	50
ちち	父	61
チャ	茶	59
チュウ	昼	62
チョウ	長	37
チョウ	鳥	71
チョウ	朝	56
チョク	直	80
つ		
＊ツ	通	79
ツウ	通	79
つく**る**	作	10
つの	角	59
つよ**い**	強	52
つよ**まる**	強	52
つよ**める**	強	52
て		
＊デ	弟	44
＊テイ	体	36
＊テイ	弟	44
てら	寺	81
テン	店	56
テン	点	11
デン	電	76
と		
ト	図	47
＊ト	頭	24
と	戸	67
トウ	読	4
トウ	刀	79
トウ	頭	24
トウ	当	15
トウ	東	60
トウ	道	66
＊トウ	答	25
トウ	冬	56
ドウ	同	37
ドウ	道	66
とお**い**	遠	83
とお**す**	通	79
とお**る**	通	79
とき	時	15
トク	読	4
ドク	読	4
と**まる**	止	44
と**める**	止	44
とも	友	30
とり	鳥	71

な

＊ナ	南	60
ナイ	内	51
なおす	直	80
なおる	直	80
ながい	長	37
なかば	半	84
なく	鳴	55
なつ	夏	60
なに	何	13
ならす	鳴	55
なる	鳴	55
ナン	南	60
なん	何	13

に

にい	新	52
ニク	肉	37
にし	西	61

の

の	野	24
のち	後	51

は

は	羽	88
バ	馬	71
ば	場	25
バイ	買	66
バイ	売	66
はからう	計	30
＊はかる	図	47
はかる	計	30
＊バク	麦	89
はしる	走	43
はずす	外	21
はずれる	外	21
はなし	話	5
はなす	話	5
はね	羽	88
はは	母	61
はら	原	24
はらす	晴	55
はる	春	59
はれる	晴	55
ハン	半	84
＊バン	万	44
バン	番	72

ひ

ひがし	東	60
ひかり	光	5
ひかる	光	5
ひく	引	51
ひける	引	51
ひる	昼	62
ひろい	広	47
ひろがる	広	47
ひろげる	広	47
ひろまる	広	47
ひろめる	広	47

ふ

＊フ	風	4
＊フ	歩	43
フ	父	61
ブ	分	9
＊ブ	歩	43
フウ	風	4
ふとい	太	37
ふとる	太	37
ふな	船	56
ふね	船	56
ふゆ	冬	56
ふるい	古	83
ふるす	古	83
フン	分	9
ブン	分	9
ブン	聞	13

へ

ベイ	米	67

ほ

ホ	歩	43
ボ	母	61
ホウ	方	10
ほか	外	21
ホク	北	50
ほし	星	90
ほそい	細	76
ほそる	細	76

ま

ま	間	14
ま	馬	71
＊マイ	妹	44
マイ	毎	88
マイ	米	67
まえ	前	22
まざる	交	89
まじえる	交	89
まじる	交	89
まじわる	交	89
まぜる	交	89
まる	丸	5
まるい	丸	5
まるめる	丸	5
まわす	回	20
まわる	回	20
マン	万	44

み

みずから	自	32
みせ	店	56
みち	道	66
みなみ	南	60
ミョウ	明	30

む

むぎ	麦	89
＊むろ	室	62

め

メイ	明	30
メイ	鳴	55

も

モウ	毛	15
もちいる	用	87
もと	元	4
＊モン	聞	13
モン	門	16

や

ヤ	夜	14
ヤ	野	24
や	家	32
や	矢	80
やしろ	社	29

ゆ

ユウ	友	30
ゆき	雪	42
ゆく	行	9
ゆみ	弓	80

よ

よ	夜	14
ヨウ	曜	70
ヨウ	用	87
よむ	読	4
よる	夜	14
よわい	弱	83
よわまる	弱	83
よわめる	弱	83
よわる	弱	83

ら

ライ	来	16
ラク	楽	42

り

リ	里	80
リ	理	84

わ

ワ	話	5
わかつ	分	9
わかる	分	9
わかれる	分	9
わける	分	9

この「丸つけラクラクかいとう」は　とりはずして　お使《つか》い　ください。

教科書ぴったりトレーニング

丸つけラクラクかいとう

東京書籍版 かん字2年

「丸つけラクラクかいとう」では　問題《もんだい》と　同じ　紙面《しめん》に、赤字で　答《こた》えを　書いて　います。
①問題が　とけたら、まずは　答え合わせを　しましょう。
②まちがえた　問題や　わからなかった　問題は、ぴったり1に　もどったり、教科書を　見返《みかえ》したり　して、もう一度《いちど》　見直しましょう。

見やすい答え

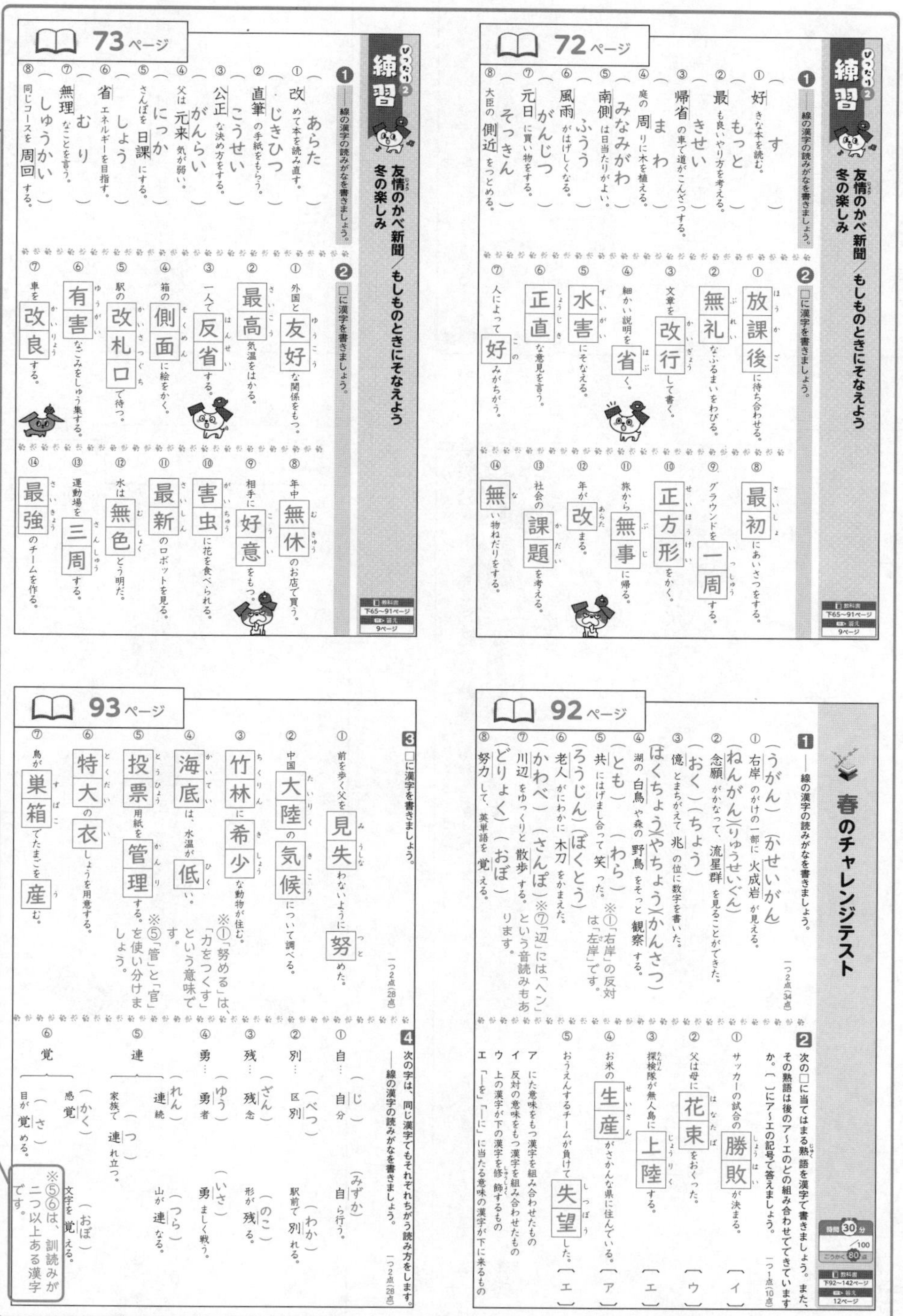
72ページ
ぴったり2 練習　友情のかべ新聞／もしものときにそなえよう　冬の楽しみ
1 ――線の漢字の読みがなを書きましょう。
① 好（す）きな本を読む。② 最（もっと）も良いやり方を考える。③ 帰省（きせい）の車で道がこんざつする。④ 庭の周（まわ）りに木を植える。⑤ 南側（みなみがわ）は日当たりがよい。⑥ 風雨（ふうう）がはげしくなる。⑦ 元日（がんじつ）に買い物をする。⑧ 大臣の側近（そっきん）をつとめる。
2 □に漢字を書きましょう。
① 放課後《ほうかご》に待ち合わせる。② 無礼《ぶれい》なふるまいをわびる。③ 文章を改行《かいぎょう》して書く。④ 細かい説明を省《はぶ》く。⑤ 水害《すいがい》にそなえる。⑥ 正直《しょうじき》な意見を言う。⑦ 人によって好《この》みがちがう。⑧ 最初《さいしょ》にあいさつをする。⑨ グラウンドを一周《いっしゅう》する。⑩ 正方形《せいほうけい》をかく。⑪ 旅から無事《ぶじ》に帰る。⑫ 年が改《あらた》まる。⑬ 社会の課題《かだい》を考える。⑭ 無《な》い物ねだりをする。
教科書 下65～91ページ　答え 9ページ

73ページ
1 ① 改（あらた）めて本を読み直す。② 直筆（じきひつ）の手紙をもらう。③ 公正（こうせい）な決め方をする。④ 父は元来（がんらい）気が弱い。⑤ さんぽを日課（にっか）にする。⑥ 省（しょう）エネルギーを目指す。⑦ 無理（むり）なことを言う。⑧ 同じコースを周回（しゅうかい）する。
2 ① 外国と友好《ゆうこう》な関係をもつ。② 最高《さいこう》気温をはかる。③ 一人で反省《はんせい》する。④ 箱の側面《そくめん》に絵をかく。⑤ 駅の改札口《かいさつぐち》で待つ。⑥ 有害《ゆうがい》なごみをしゅう集する。⑦ 車を改良《かいりょう》する。⑧ 年中無休《むきゅう》のお店で買う。⑨ 相手に好意《こうい》をもつ。⑩ 害虫《がいちゅう》に花を食べられる。⑪ 最新《さいしん》のロボットを見る。⑫ 水は無色《むしょく》とう明だ。⑬ 運動場を三周《さんしゅう》する。⑭ 最強《さいきょう》のチームを作る。

92ページ
春のチャレンジテスト　時間30分　/100　ごうかく80点　教科書 下92～142ページ　答え 12ページ
1 ――線の漢字の読みがなを書きましょう。 一つ2点(34点)
① 右岸（うがん）のがけの一部に火成岩（かせいがん）が見える。② 念願（ねんがん）がかなって、流星群（りゅうせいぐん）を見ることができた。③ 億（おく）とまちがえて兆（ちょう）の位に数字を書いた。④ 湖の白鳥（はくちょう）や森の野鳥（やちょう）をそっと観察（かんさつ）する。⑤ 共（とも）にはげまし合って笑（わら）った。⑥ 老人（ろうじん）がにわかに木刀（ぼくとう）をかまえた。⑦ 川辺（かわべ）をゆっくりと散歩（さんぽ）する。⑧ 努力（どりょく）して、英単語を覚（おぼ）える。
※①「右岸」の反対は「左岸」です。
※⑦「辺」には「ヘン」という音読みもあります。
2 次の□に当てはまる熟語を漢字で書きましょう。また、その熟語は後のア～エのどの組み合わせでできていますか。〔 〕にア～エの記号で答えましょう。 一つ1点(10点)
① サッカーの試合の勝敗《しょうはい》が決まる。〔イ〕 ② 父は母に花束《はなたば》をおくった。〔ウ〕 ③ 探検隊が無人島に上陸《じょうりく》する。〔エ〕 ④ お米の生産《せいさん》がさかんな県に住んでいる。〔ア〕 ⑤ おうえんするチームが負けて失望《しつぼう》した。〔エ〕
ア にた意味をもつ漢字を組み合わせたもの　イ 反対の意味をもつ漢字を組み合わせたもの　ウ 上の漢字が下の漢字をせつ明しているもの　エ 「を」「に」に当たる意味の漢字が下に来るもの

93ページ
3 □に漢字を書きましょう。 一つ2点(28点)
① 前を歩く父を見失《みうしな》わないように努《つと》めた。② 中国の大陸《たいりく》の気候《きこう》について調べる。③ 竹林《ちくりん》に希少《きしょう》な動物が住む。④ 海底《かいてい》は、水温が低《ひく》い。⑤ 投票《とうひょう》用紙を管理《かんり》する。⑥ 特大《とくだい》の衣《い》しょうを用意する。⑦ 鳥が巣箱《すばこ》でたまごを産《う》む。
※①「努める」は、「力をつくす」という意味です。
※⑤「管」と「官」を使い分けましょう。
4 次の字は、同じ漢字でもそれぞれちがう読み方をします。――線の漢字の読みがなを書きましょう。 一つ2点(28点)
① 自…自分（じ）　自ら（みずか）行う。② 別…区別（べつ）　駅前で別（わか）れる。③ 残…残念（ざん）　形が残（のこ）る。④ 勇…勇者（ゆう）　勇（いさ）ましく戦う。⑤ 連…連続（れん）　家族で連（つ）れ立つ。　山が連（つら）なる。⑥ 覚…感覚（かく）　目が覚（さ）める。　文字を覚（おぼ）える。
※⑤⑥は、訓読みが二つ以上ある漢字です。

てびき

※紙面はイメージです。

2ページ

ふくしゅう 一年生で ならった かん字①

1 かん字を よみましょう。

① えんぴつが 一本 ある。（いっぽん）
② マンションの 四 かい。（よん）
③ 七つの りんご。（なな）
④ 九月の ぎょうじ。（く）
⑤ 山の ふもとへ いく。（やま）
⑥ 目の けんさを する。（め）
⑦ つくえの 上の 本。（うえ）

2 □に かん字を かきましょう。

① はこの 中《なか》を のぞく。
② 大きな 犬《いぬ》に あう。
③ 妹《いもうと》の 手は 小《ちい》さい。
④ がんばって 力《ちから》を 出す。
⑤ ピアノの 先生《せんせい》。
⑥ 日《ひ》にちを かぞえる。
⑦ 水《すい》ようびの じゅぎょう。
⑧ 時《とき》は 金《かね》なり。
⑨ 土《ど》ようびの よてい。
⑩ ひまわりの 花《はな》が さく。
⑪ 正《ただ》しい 文を かく。
⑫ 足音《あしおと》が 聞《き》こえる。

答え 2ページ

3ページ

ふくしゅう 一年生で ならった かん字②

1 かん字を よみましょう。

① 字の かきじゅん。（じ）
② 気が 休まる。（やす）
③ じてん車に のる。（しゃ）
④ 学校の 名まえ。（がっこう）
⑤ 赤えんぴつで ぬる。（あか）
⑥ 父《ちち》の 口ぐせ。（くち）
⑦ 耳を かたむける。（みみ）

2 □に かん字を かきましょう。

① ふたりの 女《おんな》の 人。
② 男《おとこ》の 子が いる。
③ 三年《さんねん》が すぎる。
④ 村《むら》の おまつり。
⑤ 朝《あさ》 早《はや》く おきる。
⑥ 右と 左《ひだり》を 見る。
⑦ 田《た》んぼの かえる。
⑧ 百《ひゃく》の 十ばいは 千。
⑨ 糸《いと》でんわで あそぶ。
⑩ たくさんの 石《いし》が ある。
⑪ 虫《むし》を 森で とる。
⑫ 青《あお》い 空が ひろがる。

答え 2ページ

7ページ

ぴったり2 れんしゅう 風の ゆうびんやさん かん字を つかおう1

1 かん字を 読みましょう。

① 風が ふく。（かぜ）
② 元気に なった。（げんき）
③ 本を 読む。（よ）
④ 考《かんが》えを 言う。（い）
⑤ 赤く 光る。（ひか）
⑥ 先生と 話す。（はな）
⑦ 声が 聞《き》こえる。（こえ）

2 □に かん字を かきましょう。

① きょうは 風《かぜ》が つよい。
② 風《かぜ》の むきが かわる。
③ 元《げん》気に あそぶ。
④ ふく元《げん》された いせき。
⑤ ものがたりを 読《よ》む。
⑥ 名まえを 言《い》う。
⑦ 言《い》いつけを まもる。
⑧ 木《こ》かげで すごす。
⑨ 木《こ》のはが いろづく。
⑩ ホタルが 光《ひか》る。
⑪ なにかが 光《ひか》った。
⑫ たいせつな 話《はなし》が ある。

教科書 上14～25ページ
答え 2ページ

8ページ

ぴったり2 れんしゅう 風の ゆうびんやさん かん字を つかおう1

1 かん字を 読みましょう。

① ボールは 丸い。（まる）
② きれいな 花だん。（か）
③ こん虫ずかん。（ちゅう）
④ 日光が あたる。（にっこう）
⑤ ばしょが 空く。（あ）
⑥ 読書《しょ》を する。（どく）
⑦ 上下に うごく。（じょうげ）

2 □に かん字を かきましょう。

① おかあさんと 話《はな》す。
② さく文を 音読《おんどく》する。
③ 丸《まる》じるしで かこむ。
④ だんごを 丸《まる》める。
⑤ きれいな 声《こえ》が する。
⑥ きれいな 小川《おがわ》。
⑦ 花《か》だんの チューリップ。
⑧ こん虫《ちゅう》を つかまえる。
⑨ 一日中《じゅう》 いえで すごす。
⑩ せきを 空《あ》ける。
⑪ たいようの 光《ひかり》。
⑫ かいだんを かけ上《のぼ》る。

教科書 上14～25ページ
答え 2ページ

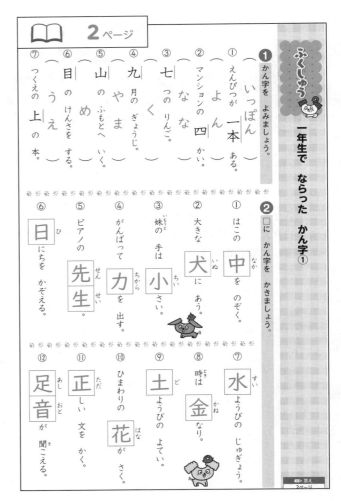

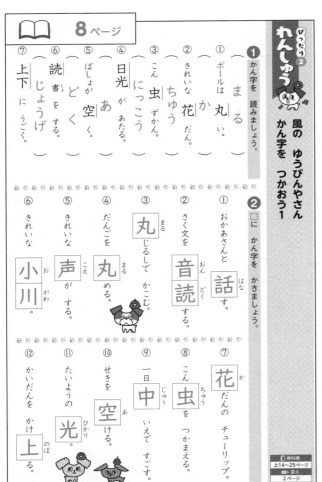

12ページ

ぴったり2 れんしゅう

としょかんへ 行こう かん字の 書き方

1 かん字を 読みましょう。

① 学校へ 行く。（い）
② 日記を つける。（にっき）
③ 夕方の しごと。（ゆうがた）
④ ごはんを 作る。（つく）
⑤ 文に 点を つける。（てん）
⑥ まっすぐな 線。（せん）
⑦ いすの 数。（かず）

2 □に かん字を 書きましょう。

① 町へ 行《い》く。
② たべものを 分《わ》ける。
③ よく 分《わ》かる 本。
④ ノートに 記《き》ろくする。
⑤ 書《か》きとりを する。
⑥ 町の と書《しょ》かん。

⑦ かん字の 読み方《かた》
⑧ りょうりを 作《つく》る。
⑨ テストで 点《てん》を とる。
⑩ 水へい線《せん》が 見える。
⑪ 計《けい》画《かく》を 立てる。
⑫ 百までの 数《かず》を かぞえる

教科書 上26～33ページ
答え 3ページ

18ページ

ぴったり2 れんしゅう

はたらく 人に 話を 聞こう たんぽぽ かん字を つかおう2

1 かん字を 読みましょう。

① 声が 聞こえる。（き）
② 何か のみますか。（なに）
③ ともだちの 考え。（かんが）
④ 夜の やみ。（よる）
⑤ りょこうで るすの 間。（あいだ）
⑥ 本を 数える。（かぞ）
⑦ みどりが 多い。（おお）

2 □に かん字を 書きましょう。

① 話を 聞《き》く。
② 足音を 聞《き》いた。
③ 何《なに》か たべる。
④ 何《なん》時《じ》か たしかめる。
⑤ こたえを 考《かんが》える。
⑥ 夜《よる》に 雨が ふる。

⑦ かべと つくえの 間《あいだ》。
⑧ あつい 日が 多《おお》い。
⑨ 人数が 少《すく》ない。
⑩ たんぽぽの わた毛《げ》。
⑪ まとに 当《あ》てる。
⑫ 時《じ》間《かん》が すぎた。

教科書 上34～49ページ
答え 3ページ

19ページ

ぴったり2 れんしゅう

はたらく 人に 話を 聞こう たんぽぽ かん字を つかおう2

1 かん字を 読みましょう。

① ごはんが 少ない。（すく）
② かみの 毛が のびる。（け）
③ くじが 当たる。（あ）
④ 時を つげる かねの 音。（とき）
⑤ 生活科を まなぶ。（せいかつか）
⑥ 活気が ある クラス。（かっき）
⑦ 来月の よてい。（らいげつ）

2 □に かん字を 書きましょう。

① あさの 八《はち》時《じ》。
② 時《とき》が たつ。
③ まい日の 生《せい》活《かつ》。
④ 活《かつ》やくする。
⑤ 教《きょう》科《か》書を 読む。
⑥ 先生が いえに 来《く》る。

⑦ 来《らい》年《ねん》の よてい。
⑧ 正しい 文《も》字《じ》を 書く
⑨ お正《しょう》月《がつ》を むかえる。
⑩ 門《もん》を あける。
⑪ 七人の 男《だん》女《じょ》。
⑫ 人《にん》間《げん》の からだ。

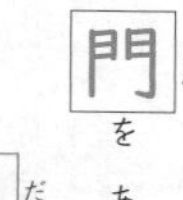

教科書 上34～49ページ
答え 3ページ

23ページ

ぴったり2 れんしゅう

かんさつした ことを 書こう かたかなで 書く ことば

1 かん字を 読みましょう。

① 目が 回る。（まわ）
② 高い たてもの。（たか）
③ 外国へ 行く。（がいこく）
④ いちばん 前の せき。（まえ）
⑤ 一人しか いない。（ひとり）
⑥ 二人で 話す。（ふたり）
⑦ 大人に なる。（おとな）

2 □に かん字を 書きましょう。

① こまを 回《まわ》す。
② 気ぶんが 高《たか》まる。
③ 黄《き》みどりの 花が さく。
④ あざやかな 色《いろ》だ。
⑤ 外《がい》国《こく》人《じん》が 来る。
⑥ 国《こく》名《めい》を おぼえる。

⑦ みどりの 大《だい》地《ち》。
⑧ へやの 前《まえ》で まつ。
⑨ こうかを 高《たか》める。
⑩ みの 回《まわ》りの ようす。
⑪ はしり 高《たか》とびを する。
⑫ 外《がい》国《こく》で くらす。

教科書 上50～55ページ
答え 3ページ

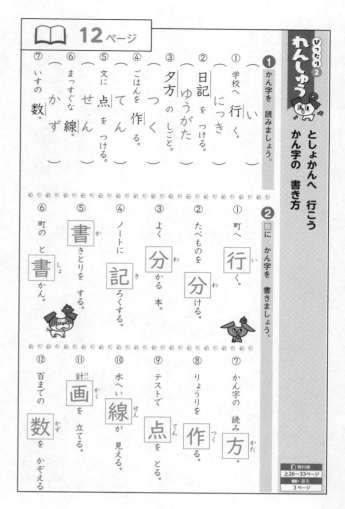

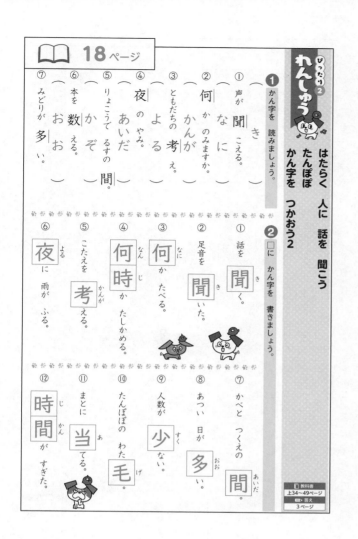

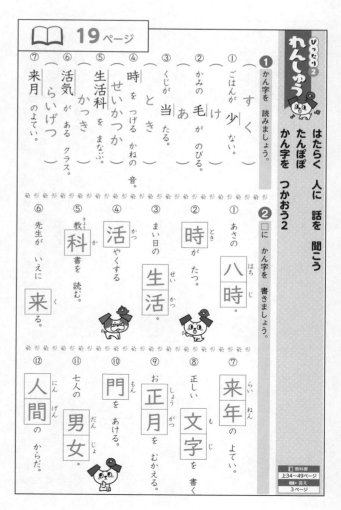

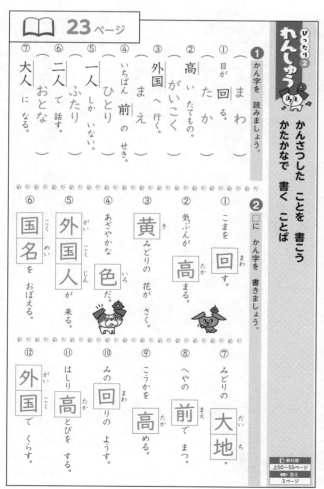

27ページ

ぴったり2 れんしゅう　名前を 見て ちょうだい

1 かん字を 読みましょう。

① 野山を 行く。（のやま）
② 原っぱで あそぶ。（はら）
③ 先生の 方を 見る。（ほう）
④ クイズに 頭を ひねる。（あたま）
⑤ といに 答える。（こた）
⑥ 本当の ことを 話す。（ほんとう）
⑦ 牛や うまを かう。（うし）

2 □に かん字を 書きましょう。

① 野《の》に さく 花。
② 野《の》原《はら》へ 行く。
③ 学校が ある 方《ほう》。
④ 頭《あたま》を つかって 考える。
⑤ もんだいの 答《こた》え。
⑥ しつもんに 答《こた》える。
⑦ そうじ 当《とう》ばんに なる。
⑧ 牛《うし》が あるく。
⑨ かいだんを 下《お》りる。
⑩ 手を 下《お》ろす。
⑪ 間《ま》を とる。
⑫ さむ気《け》が する。

教科書 上56～72ページ
答え 4ページ

28ページ

ぴったり2 れんしゅう　名前を 見て ちょうだい

1 かん字を 読みましょう。

① さかを 下りる。（お）
② 間もなく はじまる。（ま）
③ しめり気が 多い。（け）
④ ごはんの 前は 空ふくだ。（くう）
⑤ 元に もどる。（もと）
⑥ 子どもの あそび場。（ば）
⑦ うれしく 思う。（おも）

2 □に かん字を 書きましょう。

① 空《くう》気《き》を すいこむ。
② 風《ふう》せんが とぶ。
③ 元《もと》の すがた。
④ すな場《ば》で あそぶ。
⑤ ともだちと 会《あ》う。
⑥ たのしいと 思《おも》う。
⑦ 頭《あたま》を まもる。
⑧ イベントの 当《とう》日《じつ》。
⑨ 子牛《うし》が 生まれる。
⑩ 風《ふう》車《しゃ》が 回る。
⑪ まちあわせの 場《ば》しょ。
⑫ 思《おも》い出を ふりかえる。

教科書 上56～72ページ
答え 4ページ

34ページ

ぴったり2 れんしゅう　かん字を つかおう3／じゅんじょ　こんな ことを して いるよ　話そう、二年生の わたし

1 かん字を 読みましょう。

① 会社に 行く。（かいしゃ）
② こうじょうを 見学する。（けんがく）
③ 本に 親しむ。（した）
④ 休日を すごす。（きゅうじつ）
⑤ せつ明書を 読む。（めい）
⑥ ひとり言を いう。（ごと）
⑦ 計算を する。（けいさん）

2 □に かん字を 書きましょう。

① 今《いま》にも 雨が ふりそうだ。
② 社《しゃ》会《かい》に 出る。
③ 親《おや》と 出かける。
④ てん校生と 親《した》しくなる。
⑤ 友《とも》だちと 出かける。
⑥ 明《あか》るい せいかく。
⑦ むかしの 名《めい》言《げん》。
⑧ 計《けい》画《かく》を 立てる。
⑨ 算《さん》数《すう》が とくいだ。
⑩ やさいを 生《なま》で たべる。
⑪ 空が 明《あか》らむ。
⑫ かげで 休《きゅう》けい する。

教科書 上73～85ページ
答え 4ページ

35ページ

ぴったり2 れんしゅう　かん字を つかおう3／じゅんじょ　こんな ことを して いるよ　話そう、二年生の わたし

1 かん字を 読みましょう。

① 二つを 組みあわせる。（く）
② 家の 中を さがす。（いえ）
③ 自しんを もつ。（じ）
④ ふくろの ぶ分。（ぶん）
⑤ 心の 中で 思う。（こころ）
⑥ 行数を 数える。（ぎょうすう）
⑦ 名前を 教える。（おし）

2 □に かん字を 書きましょう。

① 木を 組《く》み立てる。
② 家《いえ》に かえる。
③ 自《じ》分《ぶん》の もちもの。
④ 心《こころ》が はずむ。
⑤ 文の 一行《ぎょう》目。
⑥ 先生に 教《おそ》わる。
⑦ 会《かい》社《しゃ》で はたらく。
⑧ みせを 見《けん》学《がく》する。
⑨ せつ明《めい》文を 読む。
⑩ すきな 言《こと》ば。
⑪ 自《じ》てん車に のる。
⑫ 心《こころ》に のこる。

教科書 上73～85ページ
答え 4ページ

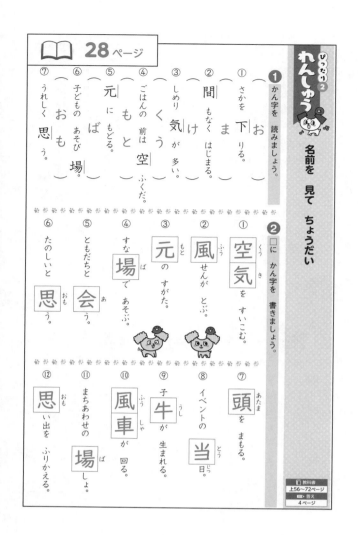

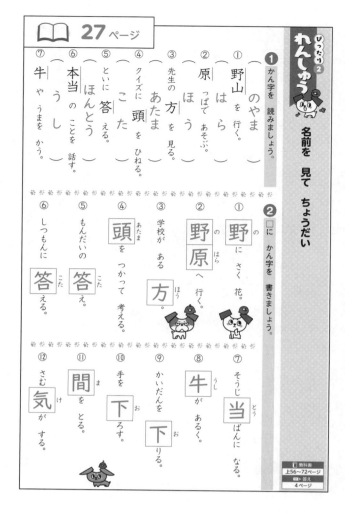

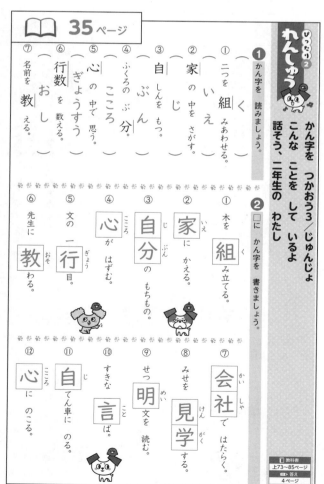

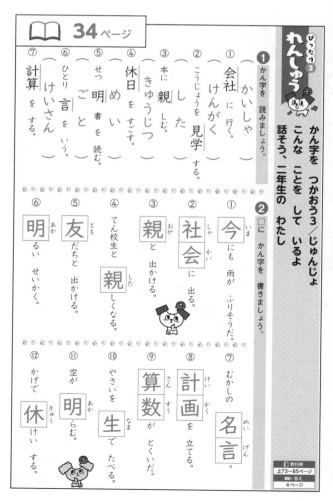

ぴったり2 れんしゅう　どうぶつ園の　かんばんと　ガイドブック

1 かん字を　読みましょう。

① 知りあいに　会う。（し）
② 人間の　体。（からだ）
③ 太い　木の　みき。（ふと）
④ 草しょく　どうぶつ。（そう）
⑤ 森林で　すごす。（しんりん）
⑥ ねつが　下がる。（さ）
⑦ 同じ　読みの　かん字。（おな）

2 □に　かん字を　書きましょう。

① こう園《えん》に　あつまる。
② 長《なが》さを　くらべる。
③ うつくしい　草《そう》原《げん》。
④ 竹《ちく》林《りん》に　すむ。
⑤ 手を　下《さ》げる。
⑥ 気おんが　下《さ》がる。
⑦ お肉《にく》を　たべる。
⑧ きのうと　同《おな》じ　ふく。
⑨ くわしく　知《し》る。
⑩ じょうぶな　体《からだ》を　作る。
⑪ 原《げん》やを　はしる。
⑫ おいしい　肉《にく》りょうり。

教科書 上86～96ページ　答え 5ページ

なつの　チャレンジテスト

時間30分　/100　ごうかく80点
教科書 上14～96ページ　答え 5ページ

1 ——せんの　かん字の　読みがなを　書きましょう。　一つ2点（22点）

① ていねいに　字を　書く。（か）
※⑥「教える」と　いう　読みも　あります。
② 本を　読んで　はじめて　知った。（よ）（し）
③ うでを　組んで　じっくりと　考える。（く）（かんが）
④ 野原で　おおくの　牛が　草をたべる。（のはら）（うし）
⑤ 黄色い　たんぽぽと　わた毛。（きいろ）（げ）
⑥ 友だちの　家までの　みちじゅんを　教わる。（いえ）（おそ）

2 赤い　ぶぶんを　さいしょに　書く　かん字には、○を　つけましょう。そうではない　かん字には、×を　つけましょう。　一つ2点（24点）

① 書（×）　※①六画目
② 友（×）　※②二画目
③ 当（×）　※③二画目
④ 来（○）
⑤ 原（×）　※⑤二画目
⑥ 回（○）
⑦ 地（○）
⑧ 声（×）　※⑧二画目
⑨ 心（×）　※⑨二画目
⑩ 門（○）
⑪ 丸（○）
⑫ 点（○）

3 上の　ことばと　はんたいの　いみの　ことばを、かん字を　つかって　書きましょう。　一つ3点（24点）

① ひくい ―― 高い
② ほそい ―― 太い
③ くらい ―― 明るい
④ 少ない ―― 多い
⑤ みじかい ―― 長い
⑥ うしろ ―― 前（まえ）
⑦ ひる ―― 夜（よる）
⑧ 心 ―― 体（からだ）

4 つぎの　□に、かん字を　書きましょう。　一つ3点（30点）

① そよ風《かぜ》が　ふく。
② 線《せん》ろが　見える。
③ 広《ひろ》い　すな場《ば》。
④ ぶた肉《にく》を　かう。
⑤ すぐに　答《こた》える。
⑥ おとぎ話《ばなし》
※⑥ここでは「はなし」ではなく「ばなし」に　なります。
⑦ 会《かい》社《しゃ》に　つとめる。
⑧ 自《じ》分《ぶん》の　力で　する。
⑨ 外《がい》国《こく》の　ふね。
⑩ 親《おや》子《こ》の　きずな。
※⑩「親」と「子」は、まとめて　おぼえましょう。

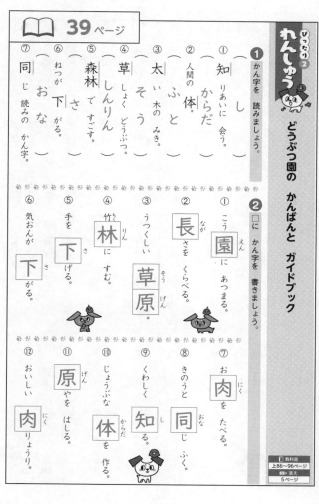

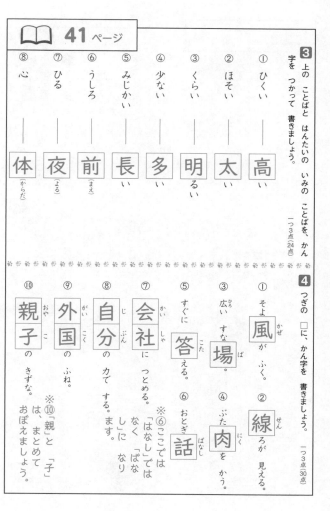

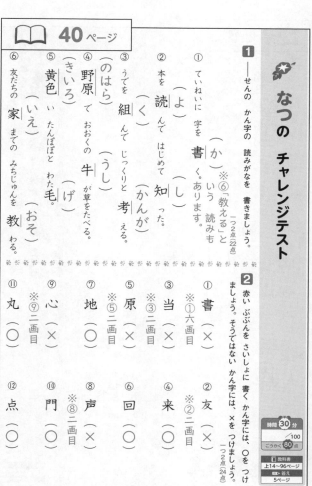

48ページ

ぴったり2 れんしゅう

みんなで 話し合おう／ニャーゴ かん字を つかおう4 絵を 見て お話を 書こう

1 かん字を 読みましょう。

① 手を 合（あ）わす。
② 大（だい）すきな 本。
③ かるたを 楽（たの）しむ。
④ 雪（ゆき）が ふる。
⑤ うれしそうな 顔（かお）。
⑥ さかなを 食（た）べる。
⑦ 林の そばを 歩（ある）く。

2 □に かん字を 書きましょう。

① 音に 合《あ》わせる。
② 大《だい》すきな 話。
③ うたを 楽《たの》しむ。
④ 雪《ゆき》が つもった。
⑤ 友だちの よこ 顔《がお》。
⑥ 一生《しょう》けんめい とり組む。

⑦ ろうかを 歩《ある》く。
⑧ 元気に 走《はし》る。
⑨ みちで 立ち止《ど》まる。
⑩ 大食《ぐ》いを やめる。
⑪ 弟《おとうと》の せわ。
⑫ 一つ 下の 妹《いもうと》。

教科書 上112～139ページ 答え 6ページ

49ページ

ぴったり2 れんしゅう

みんなで 話し合おう／ニャーゴ かん字を つかおう4 絵を 見て お話を 書こう

1 かん字を 読みましょう。

① 少（すこ）しの 時間。
② 今日（きょう）は いい 天気だ。
③ 一万円（いちまんえん） さつを 出す。
④ 野（や） さいを そだてる。
⑤ 国語（こくご）の じゅぎょう。
⑥ りんごの 絵（え）を かく。
⑦ 地図（ちず）を 出す。

2 □に かん字を 書きましょう。

① 食べものが 足《た》りない。
② 十万《まん》本の 花。
③ 時間を 計《はか》る。
④ 大切《たいせつ》な 手がみ。
⑤ 音楽《がく》の 才《さい》のう。
⑥ 雨天《うてん》でも 行われる。

⑦ 天《あま》の川を かんさつする。
⑧ 語学《ごがく》の 本。
⑨ 丸太《まるた》を ころがす。
⑩ 台《だい》どころに 立つ。
⑪ 広《ひろ》い へや。
⑫ 図《ず》で あらわす。

教科書 上112～139ページ 答え 6ページ

54ページ

ぴったり2 れんしゅう

ビーバーの 大工事《こうじ》 「どうぶつカード」を 作ろう

1 かん字を 読みましょう。

① 地（じ）めんを ほる。
② 家が 近（ちか）い。
③ はさみで かみを 切（き）る。
④ 妹の 手を 引（ひ）く。
⑤ 上手（じょうず）に 絵を かく。
⑥ 海（うみ）が 見える。
⑦ 図書（としょ）かんへ 行く。

2 □に かん字を 書きましょう。

① 人工《じんこう》の しばふ。
② 北風《きたかぜ》が ふいた。
③ 上《うわ》ぎを ぬぐ。
④ いすの 後《うし》ろ。
⑤ 丸い 形《かたち》を つくる。
⑥ なかよしの 家《か》ぞく。

⑦ 一分間《ぷんかん》 話す。
⑧ 夜《よ》が あける。
⑨ コップの 内《うち》がわ。
⑩ 海水《かいすい》よくに 行く。
⑪ 新《あたら》しい えんぴつ。
⑫ 力が 強《つよ》い。

教科書 下8～28ページ 答え 6ページ

58ページ

ぴったり2 れんしゅう

主語《しゅ》と じゅつ語 町で 見つけた ことを 話そう

1 かん字を 読みましょう。

① 雲（くも）の 上。
② 晴（は）れた 空。
③ 大きな 船（ふね）に のる。
④ 書店（しょてん）に 行く。
⑤ 冬休（ふゆやす）みが 楽しみだ。
⑥ 朝日（あさひ）が さしている。
⑦ 広い 店（みせ）の 中。

2 □に かん字を 書きましょう。

① 教会《きょうかい》の かねが 鳴《な》る。
② ねこの 鳴《な》き声。
③ 気を 晴《は》らす。
④ パンやさんの 店長《てんちょう》。
⑤ 社長《しゃちょう》に たのむ。
⑥ 冬山《ふゆやま》に のぼる。

⑦ まい朝《あさ》 さんぽする。
⑧ 一週間《しゅうかん》の よてい。
⑨ 朝市《あさいち》へ 行く。
⑩ 食《しょく》ひんの 店《みせ》。
⑪ ひこうき雲《ぐも》。
⑫ 船《ふね》で 海を わたる。

教科書 下30～38ページ 答え 6ページ

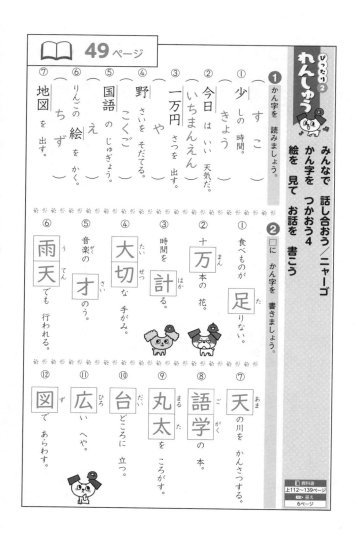

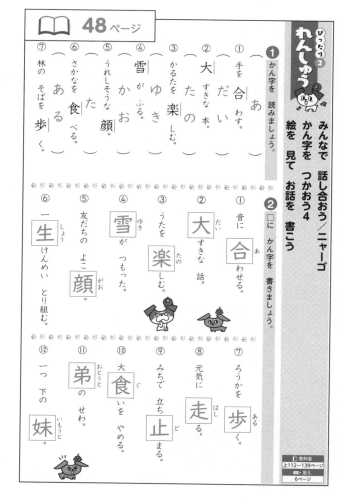

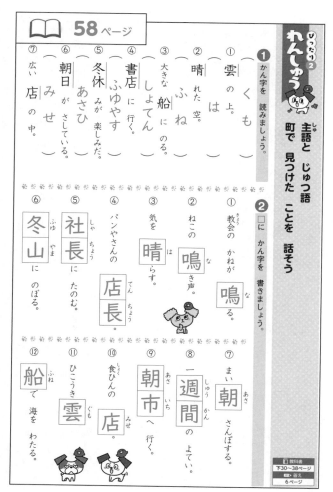

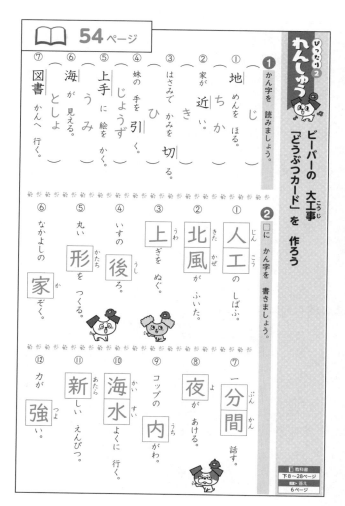

64ページ

ぴったり2 れんしゅう

かたかなを つかおう1
なかまに なる ことば
「ありがとう」を つたえよう

1 かん字を 読みましょう。

① もう すぐ 春が 来る。（はる）
② まるや 四角形を 書く。（しかくけい）
③ 夏に なる。（なつ）
④ 秋まつりの 日。（あき）
⑤ 東北へ 行く。（とうほく）
⑥ 南へ むかう。（みなみ）
⑦ 西日が さす。（にしび）

2 □に かん字を 書きましょう。

① お茶《ちゃ》を のむ。
② あたたかい 春《はる》。
③ あつい 夏《なつ》の 日。
④ 東《ひがし》の 方角。
⑤ 南風《みなみかぜ》が ふく。
⑥ 南《なん》きょくの こおり。
⑦ かん西《さい》地方で くらす。
⑧ 父《ちち》と 話す。
⑨ 母《はは》と わたし。
⑩ 二つ 上の 兄《あに》が いる。
⑪ 兄弟《きょうだい》で あそぶ。
⑫ なかの よい 姉《あね》が いる。

教科書 下39～45ページ
答え 7ページ

65ページ

ぴったり2 れんしゅう

かたかなを つかおう1
なかまに なる ことば
「ありがとう」を つたえよう

1 かん字を 読みましょう。

① やさしい 父。（ちち）
② 母の日。（はは）
③ 兄さんと 会う。（にいさん）
④ 中学生の 姉さん。（ねえさん）
⑤ 母さんは よく わらう。（かあさん）
⑥ 父さんは 犬が すきだ。（とうさん）
⑦ 紙くずを すてる。（かみ）

2 □に かん字を 書きましょう。

① 昼《ひる》ごはんを 食べる。
② 学校の 昼休《ひるやす》み。
③ 教科書《きょうかしょ》を 見る。
④ 音楽会《おんがくかい》を ひらく。
⑤ 体《たい》じゅうを はかる。
⑥ 北海《ほっかい》どうに 行く。
⑦ 春《しゅん》分の日。
⑧ 虫が 冬《とう》みんする。
⑨ 紙《かみ》しばいを 見る。
⑩ 手紙《てがみ》を もらう。
⑪ 教室《きょうしつ》が さわがしい。
⑫ 室《しつ》ないの 空気。

教科書 下39～45ページ
答え 7ページ

69ページ

ぴったり2 れんしゅう

かさこじぞう

1 かん字を 読みましょう。

① 父が 家を 売る。（う）
② ケーキを 買った。（か）
③ くじが 外れる。（はず）
④ 心ぞうが うごく。（しん）
⑤ 米を そだてる。（こめ）
⑥ すきな 歌を 聞く。（うた）
⑦ 雨戸を あける。（あまど）

2 □に かん字を 書きましょう。

① 新しい 年《とし》を むかえる。
② お肉が 売《う》り切れた。
③ 花を 買《か》う。
④ 買《か》いものに 出かける。
⑤ とびらを 外《はず》す。
⑥ 道《みち》で 立ち止まる。
⑦ 町の 中心《ちゅうしん》。
⑧ おいしい お米《こめ》。
⑨ 歌《うた》って おどる。
⑩ 雨《あま》やどりを する。
⑪ 戸《と》じまりを する。
⑫ 空《から》の はこ。

教科書 下46～62ページ
答え 7ページ

73ページ

ぴったり2 れんしゅう

かん字を つかおう5
かん字を つかおう6

1 かん字を 読みましょう。

① 一日の 午前。（ごぜん）
② 谷川の 水を くむ。（たにがわ）
③ 海の そこの 岩。（いわ）
④ 鳥の 絵を かく。（とり）
⑤ 馬を かう。（うま）
⑥ 町の こう番。（ばん）
⑦ 画めんを 見つめる。（が）

2 □に かん字を 書きましょう。

① 水曜日《すいようび》は 晴れ。
② 正午《しょうご》に なる。
③ 前後《ぜんご》を 見回す。
④ 岩石《がんせき》を ひろう。
⑤ 池《いけ》の 水を ぬく。
⑥ 首《くび》を かしげる。
⑦ 家で るす番《ばん》を する。
⑧ えい画《が》を 見る。
⑨ 作文《さくぶん》を 書く。
⑩ 前《ぜん》かいの つづき。
⑪ 馬《うま》に のる。
⑫ 鳥《とり》が とび立つ。

教科書 下63・70ページ
答え 7ページ

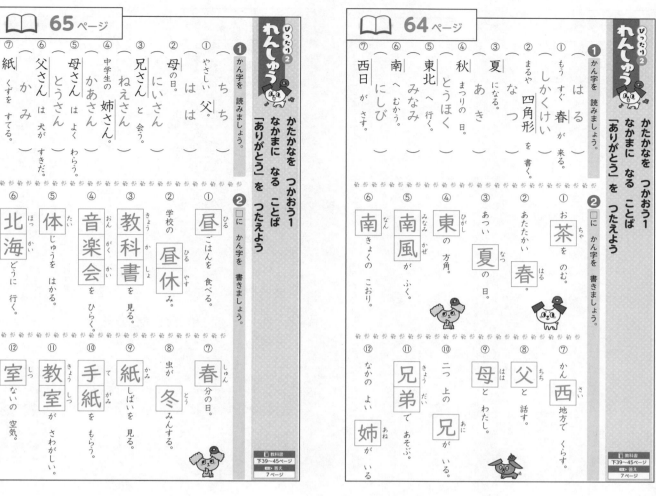

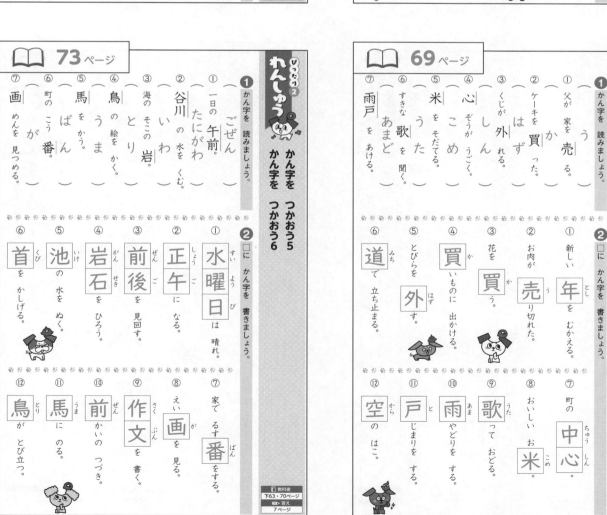

74ページ

冬の チャレンジテスト

時間30分　／100　ごうかく80点

教科書 上112～下70ページ　答え 8ページ

1 ――せんの かん字の 読みがなを 書きましょう。　一つ2点(22点)

① だいすきな 本を 買（か）う。

② 姉（あね）が 大きな 声で 歌（うた）う。

③ 昼（ひる）ごはんを 食（た）べる。

④ 秋（あき）が すぎたら 冬休（ふゆやす）みが 来る。

⑤ 南（みなみ）から くる わたり 鳥（どり）。

⑥ 父（ちち）と いっしょに 母（はは）は でかけた。

※④「春・夏・秋・冬」は まとめて おぼえましょう。

※⑤「東・西・南・北」も まとめて おぼえよう。

2 つぎの かん字の 正しい 書きじゅんの ほうに、○を つけましょう。　一つ3点(18点)

① 母　あ（　）ㄑㄑㄖ母母　い（○）ㄑ口口母母

② 午　あ（○）ノ𠂉𠂉午　い（　）一𠂉𠂉午

③ 止　あ（○）丨卜止止　い（　）一卜止止

④ 米　あ（○）丶丷丷半米米　い（　）一十十半米米

⑤ 春　あ（　）一二三夫夫夫春春春　い（○）一二三夫夫夫春春春

⑥ 番　あ（○）一𠂉𠂉立平乎釆番番番番番　い（　）一二二立平乎釆番番番番番

※①「母」は 五画で 書きます。

※③たて画から 書きます。

75ページ

3 一つの ことばに なるように、上と 下を ――せんで むすびましょう。　一つ3点(30点)

① あ 雨―雲　い 書―店　う 当―番　え 台―地　お 広―場

② あ 天―才　い 音―楽　う 先―週　え 方―角　お 午―後

※①「雨雲」は、「あまぐも」と よみます。

4 つぎの □に、かん字を 書きましょう。　一つ3点(30点)

① 夏《なつ》まつりが ある。

② 戸《と》を あける。

③ 馬《うま》が 走る。

④ 首《くび》を 回す。

⑤ 父の わらい 顔《がお》。

⑥ 紙《かみ》を おる。

⑦ 教《きょう》室《しつ》に 入る。

⑧ 西《にし》風《かぜ》が ふきはじめた。

⑨ 火《か》曜《よう》日《び》の 時間わり。

⑩ 図《ず》画《が》工《こう》作《さく》が とくいだ。

※③「馬」は 書きじゅんに 気を つけましょう。

※⑧「西風」とは、西から ふいて くる 風の ことです。

78ページ

ぴったり2 れんしゅう むかしから つたわる 言い方 かん字の 読み方と おくりがな

教科書 下72～79ページ　答え 8ページ

1 かん字を 読みましょう。

① 回数（かいすう）を 数える。

② 山を 下（くだ）る。

③ 後回（あとまわ）しに する。

④ 小さな 魚（さかな）が いる。

⑤ 電気（でんき）を つける。

⑥ 細（ほそ）い 糸で ぬう。

⑦ 近くの 国（くに）へ 行く。

2 □に かん字を 書きましょう。

① 四回《かい》まわる。

② けっていを 下《くだ》す。

③ 手紙を 下《くだ》さる。

④ 円の 外《そと》がわ。

⑤ 魚《うお》ざの うらない。

⑥ 金《きん》魚《ぎょ》すくいを する。

⑦ 電《でん》話《わ》が 鳴る。

⑧ 細《こま》かく 切る。

⑨ 夜が 明《あ》ける。

⑩ 田《でん》園《えん》を さんぽする。

⑪ 生まれそだった 国《くに》。

⑫ まがり 角《かど》を すすむ。

82ページ

ぴったり2 れんしゅう あなの やくわり かん字を つかおう7

教科書 下80～91ページ　答え 8ページ

1 かん字を 読みましょう。

① ペンの 先（さき）。

② 汽車（きしゃ）が 走る。

③ 大木（たいぼく）を 切る。

④ 矢（や）じるしを つける。

⑤ 弓（ゆみ）を ひく。

⑥ 直線（ちょくせん）を 引く。

⑦ 里（さと）いもを ほる。

2 □に かん字を 書きましょう。

① 先《さき》回《まわ》りを する。

② やたいが ならぶ 通《とお》り。

③ 糸を 通《とお》す。

④ 船の 汽《き》てきが ひびく。

⑤ さむらいが 刀《かたな》を もつ。

⑥ 弓《ゆみ》の けいこ。

⑦ 直《ちょく》せつ 話す。

⑧ 里《さと》山《やま》の くらし。

⑨ 人《ひと》里《ざと》を はなれる。

⑩ ふるい お 寺《てら》。

⑪ 黒《くろ》と 白の もよう。

⑫ 黒《こく》ばんを うつす。

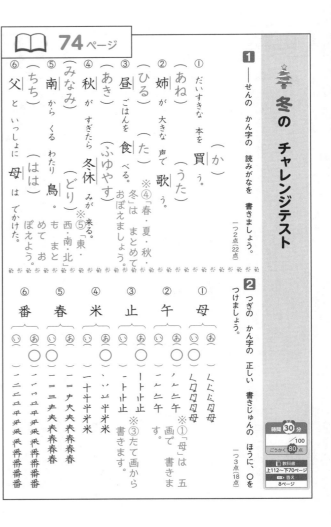

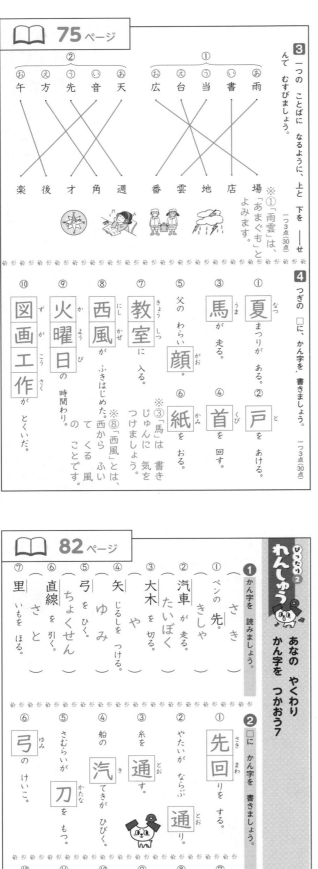

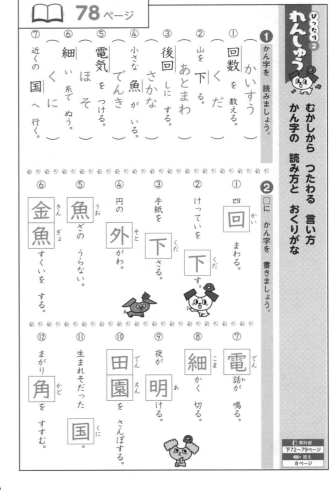

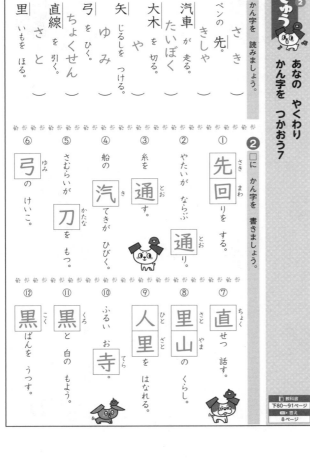

86ページ

ぴったり2 れんしゅう

はんたいの いみの ことば
くらべて つたえよう

1 かん字を 読みましょう。

① 遠足（えんそく）に 行く。
② 今年（ことし）の もくひょう。
③ 大きな 時計（とけい）を 買う。
④ 公園（こうえん）に あつまる。
⑤ しょう 売（ばい）の あい手。
⑥ わざと 下手（へた）に 書く。
⑦ 本から 学（まな）ぶ。

2 □に かん字を 書きましょう。

① 妹は 体が 弱《よわ》い。
② 台《たい》風《ふう》が ちかづく。
③ 古《ふる》い たてもの。
④ 半《はん》分《ぶん》に 切る。
⑤ 二年一組《くみ》の 教室。
⑥ 左《さ》右《ゆう》を 見る。

⑦ 強《きょう》てきを たおす。
⑧ 近《きん》じょに すむ。
⑨ ものを 売《ばい》買《ばい》する。
⑩ 川《かわ》上《かみ》を めざす。
⑪ りょう理《り》を 食べる。
⑫ ふでばこを つかい古《ふる》す。

教科書 下92～101ページ　答え 9ページ

91ページ

ぴったり2 れんしゅう

声に 出して みよう／たからものを しょうかいしよう
お手紙／かん字を つかおう8
にた いみの ことば

1 かん字を 読みましょう。

① 画用紙（がようし）に かく。
② 明日（あす）の よてい。
③ 今朝（けさ）は 早く おきた。
④ 川原（かわら）で 石を あつめる。
⑤ 七夕（たなばた）の 夜。
⑥ 親切（しんせつ）な 人。
⑦ 新しく 書き直（なお）す。

2 □に かん字を 書きましょう。

① どうぶつの 角《つの》。
② 毎《まい》日《にち》 さんぽする。
③ 学校からの 帰《かえ》り道。
④ 友《ゆう》人《じん》が 多い。
⑤ 羽《はね》を 休める。
⑥ 東《とう》京《きょう》へ むかう。

⑦ つめたい 麦《むぎ》茶《ちゃ》
⑧ 交《こう》通《つう》あんぜん
⑨ 今《こん》夜《や》は まん月だ。
⑩ 星《ほし》が かがやく。
⑪ 昼《ちゅう》食《しょく》の 時間。
⑫ 四色《しょく》の 絵の具《ぐ》。

教科書 下102～133ページ　答え 9ページ

92ページ

春の チャレンジテスト

時間 30分　/100　ごうかく 80点
教科書 下72～133ページ　答え 9ページ

1 ——線の かん字の 読みがなを 書きましょう。 一つ2点（22点）

① きらめく 星（ほし）を 見る。
② 弓（ゆみ）を ひいて 矢（や）を とばす。
※②「弓」は三画で 書きます。「¬→コ→弓」
③ 電車（でんしゃ）にのって 帰（かえ）る。
※⑤「細（こま）かい」と いう 読みも あります。
④ 里に ある 古（ふる）くなった 寺（てら）を たずねる。
⑤ 細（ほそ）くて するどい 刀（かたな）を かざる。
⑥ 公園（こうえん）を めざして 遠足（えんそく）に 行く。

2 つぎの 文に つかうとき、正しい かん字は 一一の 中の どちらですか。○で かこみましょう。 一つ3点（18点）

① 父の ｛会社（○）／合社｝を 見学する。
② チームの 人数が ｛小／少（○）｝ない。
③ ｛気車／汽車（○）｝の きてきが 聞こえる。
④ 車が はやい スピードで ｛走（○）／歩｝りさった。
※④「歩」は、「歩（ある）くです。」
⑤ ｛毎朝（○）／海朝｝早く おきる。
⑥ 三時間目は ｛里科／理科（○）｝の じゅぎょうだ。

93ページ

3 つぎの かん字の、二通り または 三通りの 読み方を 書きましょう。 一つ2点（30点）

① 魚　あ 魚を さばく。（さかな）　い 金魚を かう。（ぎょ）
② 親　あ 本に 親しむ。（した）　い 親切な 人。（しん）
③ 明　あ 明るい 人。（あか）　い 夜が 明ける。（あ）
④ 友　あ 友だち（とも）　い 友じょう（ゆう）
⑤ 角　あ 角を まがる。（かど）　い どうぶつの 角。（つの）
⑥ 後　あ 後の 人。（あと）　い 後ろの 人。（うし）
⑦ 夜　あ 今夜の 月。（や）　い 夜に なる。（よる）　う 夜中に なる。（よ）

4 つぎの □に、かん字を 書きましょう。 一つ3点（30点）

① 交《こう》たいする。
② 羽《はね》つきを する。
③ 黒《こく》ばんの 前。
④ 道を 通《とお》る。
⑤ 東《とう》京《きょう》の 人。
⑥ 長い 直《ちょく》線《せん》。
⑦ 麦《むぎ》茶《ちゃ》を のむ。
⑧ ケーキを 半《はん》分《ぶん》に わける。
※⑨「強弱」は 対に なる「弱い」と「強い」から できた じゅく語です。
⑨ 強《きょう》弱《じゃく》を つけて 歌う。
⑩ 画《が》用《よう》紙《し》に かく。

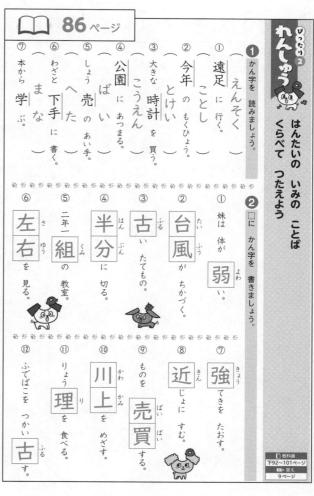

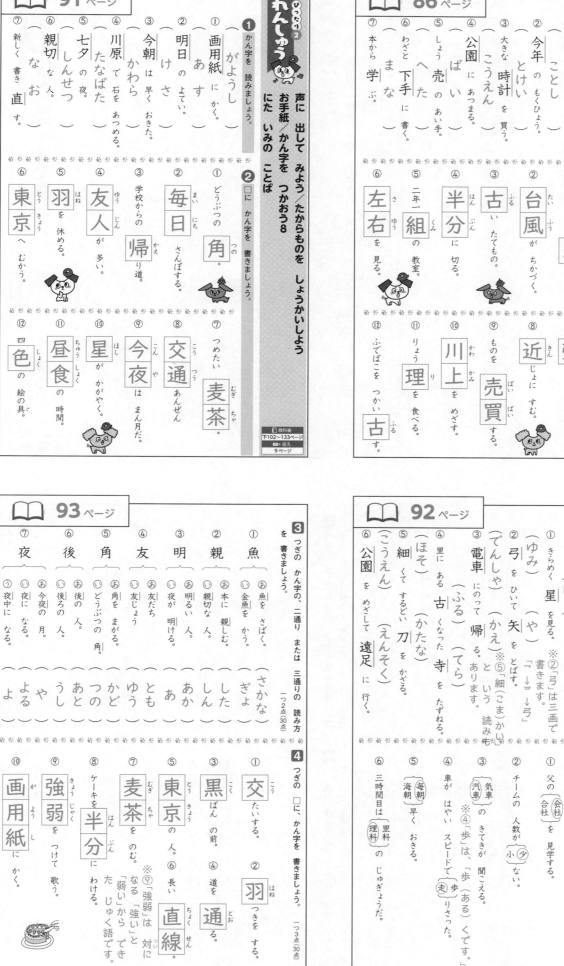

学力しんだんテスト①

2年 かん字のまとめ

学力《がくりょく》しんだんテスト①

名前

月 日

時間 30分

ごうかく80点 ／100

答え 10ページ

1 ――線の かん字の 読みがなを 書きましょう。 一つ1点(20点)

① どこに 行（い）きたいかを 聞（き）く。
② 星（ほし）が きらきらと 光（ひか）る。
③ 犬が 野原（のはら）を どこまでも 走（はし）る。
④ 広（ひろ）くて 青い 海（うみ）を ながめる。
⑤ 冬（ふゆ）よりも 春（はる）の ほうが すきだ。
⑥ いつもの 道（みち）を 通って 帰（かえ）る。
⑦ かいた 図（ず）に 色（いろ）を ぬる。
⑧ 学校の 外（そと）で 白い 羽（はね）を ひろう。
⑨ こん 虫（ちゅう）の しゅるいは とても 多（おお）い。
⑩ 思（おも）って いる ことを 声（こえ）に 出す。

2 □に、かん字を 書きましょう。 一つ1点(20点)

① スーパーで 肉《にく》を 買《か》った。
② 自分《じぶん》の いけんを 言《い》う。
③ 風《かぜ》が ふいて 戸《と》を ゆらす。
④ 岩《いわ》かげ から 鳥《とり》が とびたつ。
⑤ 会社《かいしゃ》まで 歩《ある》く。
⑥ へいの 内《うち》がわに 牛《うし》が いた。
⑦ その お寺《てら》には 池《いけ》が ある。
⑧ 兄《あに》と 昼《ひる》ごはんを 作る。
⑨ 高《たか》い 山に ある てんぼう台《だい》。
⑩ まつ 間《あいだ》、答えを 考《かんが》える。

うらにも もんだいが あります。

3 つぎの かん字の 二通りの 読み方を 書きましょう。 一つ1点(8点)

① 黒 ㋐ 黒板《ばん》に 書く。（こく） ㋑ 黒い ふく。（くろ）
② 前 ㋐ 前を 走る 車。（まえ） ㋑ 前方を 見る。（ぜん）
③ 直 ㋐ 直線を 引く。（ちょく） ㋑ ねぐせを 直す。（なお）
④ 何 ㋐ 何時 ですか。（なん） ㋑ 何か 用 ですか。（なに）

※①色を あらわす かん字には ほかに、「白・赤・青・黄」などが あります。

4 つぎの かん字の 赤い ぶぶんは、何画目に 書きますか。□に 数字を 書きましょう。 一つ1点(22点)

① 近 四画目
② 麦 二画目
③ 弱 四画目
④ 強 四画目
⑤ 市 四画目
⑥ 里 六画目
⑦ 来 四画目
⑧ 紙 九画目
⑨ 弟 五画目
⑩ 母 三画目
⑪ 回 六画目

※③「弱」は、ぜんぶで 十画で 書きます。

5 上の ことばと はんたいの いみの ことばを、かん字を つかって 書きましょう。 一つ2点(16点)

① くらい ― 明るい（あかるい）
② 近い ― 遠い（とおい）
③ 新しい ― 古い（ふるい）
④ たくさん ― 少し（すこし）
⑤ みじかい ― 長い（ながい）
⑥ 四角い ― 丸い（まるい）
⑦ 細い ― 太い（ふとい）
⑧ くるしい ― 楽しい（たのしい）

6 ――線の 読み方が、一つだけ ほかと ちがって いる ものが あります。それに ○を つけましょう。 一つ2点(14点)

① 地 ㋐（ ）地名 ㋑（○）地ひびき ㋒（ ）地きゅう ㋓（ ）空き地
② 後 ㋐（ ）後日 ㋑（ ）午後 ㋒（ ）前後 ㋓（○）後ろ
③ 夜 ㋐（ ）夜中 ㋑（ ）夜ふかし ㋒（ ）夜つゆ ㋓（○）夜おそく
④ 紙 ㋐（○）紙切れ ㋑（ ）半紙 ㋒（ ）用紙 ㋓（ ）新ぶん紙
⑤ 親 ㋐（○）親切 ㋑（ ）親子 ㋒（ ）父親 ㋓（ ）親心
⑥ 魚 ㋐（ ）金魚 ㋑（○）魚つり ㋒（ ）木魚 ㋓（ ）人魚
⑦ 朝 ㋐（ ）朝日 ㋑（ ）朝顔 ㋒（ ）朝やけ ㋓（○）朝食

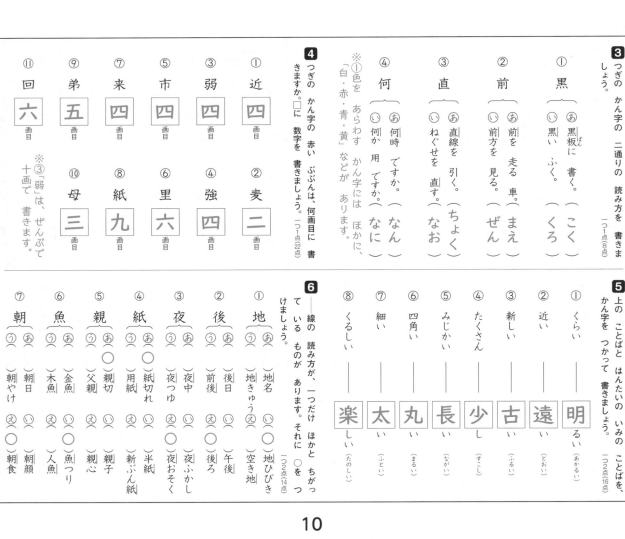

学力しんだんテスト②

2年 かん字のまとめ
学力《がくりょく》しんだんテスト②
名前　　月　日
時間 30分
ごうかく80点　／100
答え 11ページ

1 ──線の かん字の 読みがなを 書きましょう。 一つ1点(20点)

① 朝顔（あさがお）が さいて いる 公園（こうえん）。
② 交番（こうばん）は えきの 北（きた）がわに ある。
③ 父（ちち）の 手が いっしゅん 止（と）まった。
④ お店（みせ）で 魚（さかな）の きりみを 買った。
⑤ 本を 読（よ）んで、かんそうを 書（か）く。
⑥ 体（からだ）を きたえて 強（つよ）く する。
⑦ 同（おな）じような 形（かたち）の 石。
⑧ 小刀（こがたな）を つかって、木の 船（ふね）を 作る。
⑨ 秋（あき）に なると、お米（こめ）が とどく。
⑩ まん点（てん）を とって、元気（げんき）が 出る。

2 □に、かん字を 書きましょう。 一つ1点(20点)

① 丸《まる》くて、りっぱな 里《さと》いも。
② 西《にし》の 方角《ほうがく》を 見る。
③ おばの 家《いえ》で 生活《せいかつ》する。
④ 姉《あね》は 計算《けいさん》が とくいだ。
⑤ 新《あたら》しい 校長先生《こうちょうせんせい》。
⑥ 汽車《きしゃ》が 出てくる どう画《が》。
⑦ かみの 毛《け》を 少しだけ 切《き》る。
⑧ 麦《むぎ》わらぼうしを 頭《あたま》に かぶる。
⑨ 外《そと》では 弱《よわ》い 雨が ふっている。
⑩ 東京《とうきょう》に すむ 知《し》りあい。

うらにも もんだいが あります。

3 つぎの □に、上の ぶぶんを もつ かん字を 書きましょう。 一つ2点(24点)

① 辶　あ 近《ちか》い　い 通《とお》す
② 攵　あ 数《かず》　い 教《おし》える
③ 糸　あ 組《くみ》　い 絵《え》
④ 雨　あ 雲《くも》　い 雪《ゆき》
⑤ 人　あ 会《かい》話《わ》　い 今《こん》月
⑥ 日　あ 曜《よう》日　い 晴《は》れる

※①あ「近い」の はんたいは 「遠い」です。

4 一つの ことばに なるように、上と 下を ──線で むすびましょう。 一つ2点(20点)

① あ図　い自　う当　え南　お広
　番　工　風　室　場
（図工・自室・当番・南風・広場）
※あ「図工」は、「ずこう」と 読みます。

② あ半　い音　う日　え理　お午
　記　科　分　後　楽
（半分・音楽・日記・理科・午後）
※あ「はんぶん」 う「にっき」

5 つぎの かん字を くみ合わせると、どんな かん字が できますか。□に 書きましょう。 一つ2点(14点)

① 日＋寺＝時
② 日＋月＝明
③ 糸＋田＝細
④ 竹＋合＝答
⑤ 口＋鳥＝鳴
⑥ 言＋五＋口＝語
⑦ 立＋木＋見＝親

6 形を まちがえて つかって いる かん字に ×を つけ、□に 正しい かん字を 書きましょう。 一つ2点(12点)

（れい） 来週《らいしゅう》中に 門《もん》が できる。　来
① 紙《かみ》に 黄色《きいろ》の えのぐを ぬった。　黄
※七画目は 上まで つき出ます。
② 妹《いもうと》が 母《はは》の お茶《ちゃ》を こぼした。　茶
③ 夜道《よみち》を 用《よう》じん して 歩《ある》く。　用
※五画目は 下まで つき出ます。
④ 遠《とお》い 国《くに》から 帰《かえ》って きた 兄《あに》。　国
※七画目の 「、」が ぬけて います。
⑤ ぎゅうにゅうを 毎日《まいにち》 のむ 子ども。　毎
⑥ 夏《なつ》は 弟《おとうと》と 海《うみ》へ 行《い》こう。　夏

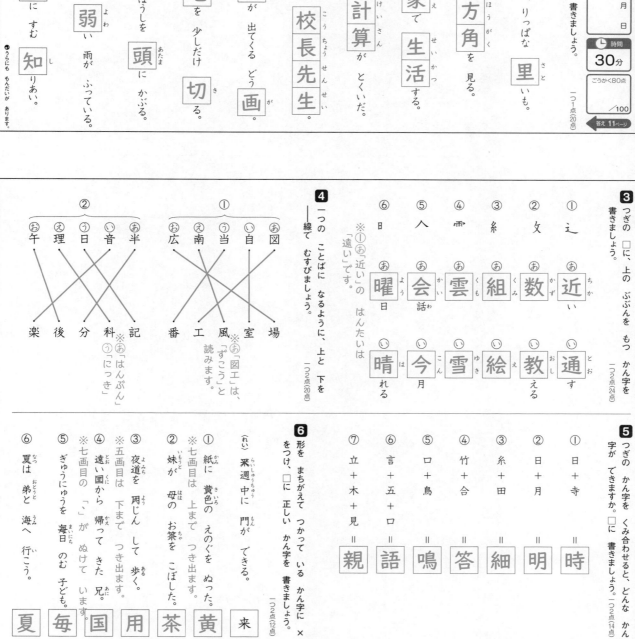

かん字クイズ

1 ①円 ②話 ③声

2 ①親 ②明 ③国

3 ①記 ②高 ③組 ④風 ⑤頭 ⑥数

4 ①長 ②図

5 ①（氵を くわえて）池 ②（糸を くわえて）紙

⑤ 本を 読んで、かんそうを 書く。

⑥ 体を きたえて 強く する。

⑦ 同じような 形の 石。

⑧ 小刀を つかって、木の 船を 作る。

⑨ 秋に なると、お米が とどく。

⑩ まん点を とって、元気が 出る。

---

⑤ □しい□□□□。

⑥ □《き》□《しゃ》が 出てくる どう□《が》。

⑦ かみの □《け》を 少しだけ □《き》る。

⑧ □《むぎ》わらぼうしを □《あたま》に かぶる。

⑨ □《そと》では □《よわ》い 雨が ふっている。

⑩ □《とう》□《きょう》に すむ □《し》りあい。

うらにも もんだいが あります。

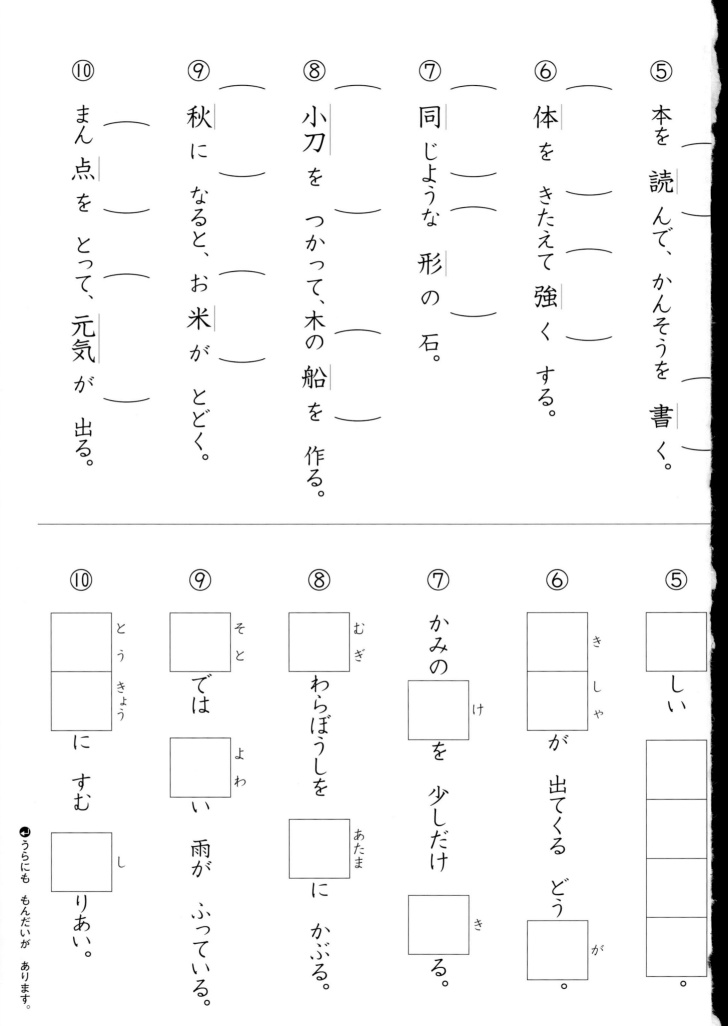

3 つぎの □に、上の ぶぶんを もつ かん字を 書きましょう。 一つ2点(24点)

① ⻌　あ □《ちか》い　い □《とお》す

② 攵　あ □《かず》　い □《おし》える

③ 糸　あ □《くみ》　い □《え》

④ ⻗　あ □《くも》　い □《ゆき》

⑤ 𠆢　あ □《かい》話《わ》　い □《こん》月

⑥ 日　あ □《よう》日　い □《は》れる

5 つぎの かん字を くみ合わせると、どんな かん字が できますか。□に 書きましょう。 一つ2点(14点)

① 日＋寺＝□

② 日＋月＝□

③ 糸＋田＝□

④ 竹＋合＝□

⑤ 口＋鳥＝□

⑥ 言＋五＋口＝□

⑦ 立＋木＋見＝□

4 一つの

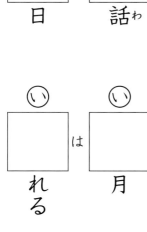

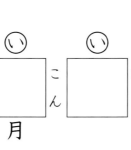

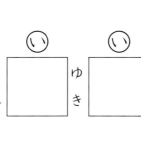

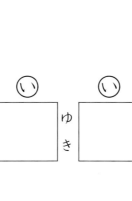

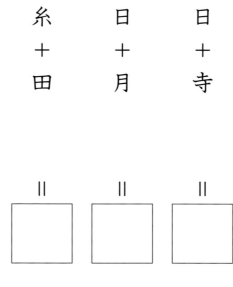

――線で むすびましょう。

①

㋐図・　・場
㋑自・　・室
㋒当・　・風
㋓南・　・工
㋔広・　・番

②

㋐半・　・記
㋑音・　・科
㋒日・　・分
㋓理・　・後
㋔午・　・楽

一つ2点(20点)

（切り取り線）

6 形を まちがえて つかって いる かん字に × をつけ、□に 正しい かん字を 書きましょう。

一つ2点(12点)

〈れい〉 米週中《らいしゅうちゅう》に 門《もん》が できる。 [来]

① 紙《かみ》に 黄色《きいろ》の えのぐを ぬった。 □

② 妹《いもうと》が 母《はは》の お茶《ちゃ》を こぼした。 □

③ 夜道《よみち》を 用《よう》じん して 歩《ある》く。 □

④ 遠《とお》い国《くに》から 帰《かえ》って きた 兄《あに》。 □

⑤ ぎゅうにゅうを 毎日《まいにち》 のむ 子ども。 □

⑥ 夏《なつ》は 弟《おとうと》と 海《うみ》へ 行《い》こう。 □

（切り取り線）

2年 かん字のまとめ

学力《がくりょく》しんだんテスト②

名前

月　日

時間 30分

ごうかく80点

／100

答え 11ページ

1 ――線の　かん字の　読みがなを　書きましょう。　一つ1点（20点）

① 朝顔（　）が　さいて（　）いる（　）公園（　）。

② 交番（　）は　えきの（　）北（　）がわに（　）ある。

③ 父（　）の　手（　）が　いっしゅん（　）止（　）まった。

④ お店（　）で（　）魚（　）の（　）きりみを　買った。

2 □に、かん字を　書きましょう。　一つ1点（20点）

① □《まる》くて、りっぱな　□《さと》いも。

② □《にし》の　□□《ほうがく》を　見る。

③ おばの　□《いえ》で　□□《せいかつ》する。

④ □《あね》は　□□《けいさん》が　とくいだ。

⑤ 冬（　）よりも 春（　）の ほうが すきだ。

⑥ いつもの 道（　）を 通（　）って 帰（　）る。

⑦ かいた 図（　）に 色（　）を ぬる。

⑧ 学校（　）の 外（　）で 白（　）い 羽（　）を ひろう。

⑨ こん 虫（　）の しゅるいは とても 多（　）い。

⑩ 思（　）って いる ことを 声（　）に 出す。

---

⑤ □□まで □く。

⑥ へいの □《うち》がわに □《うし》が いた。

⑦ その お□《てら》には □《いけ》が ある。

⑧ □《あに》と □《ひる》ごはんを 作る。

⑨ □《たか》い 山に ある てんぼう□《だい》。

⑩ まつ □《あいだ》、答えを □《かんが》える。

うらにも もんだいが あります。

3 つぎの　かん字の　二通りの　読み方を　書きましょう。　一つ1点(8点)

① 黒
　あ 黒板《ばん》に　書く。（　　）
　い 黒い　ふく。（　　）

② 前
　あ 前を　走る　車。（　　）
　い 前方を　見る。（　　）

③ 直
　あ 直線を　引く。（　　）
　い ねぐせを　直す。（　　）

④ 何
　あ 何時　ですか。（　　）
　い 何か　用　ですか。（　　）

5 上の　ことばと　はんたいの　いみの　ことばを、かん字を　つかって　書きましょう。　一つ2点(16点)

① くらい ― □るい（あかるい）
② 近い ― □い（とおい）
③ 新しい ― □い（ふるい）
④ たくさん ― □し（すこし）
⑤ みじかい ― □い（ながい）
⑥ 四角い ― □い（まるい）
⑦ 細い ― □い（ふとい）
⑧ くるしい ― □しい（たのしい）

4 つぎの かん字の 赤い ぶぶんは 何画目に 書きますか。□に 数字を 書きましょう。 一つ1点(22点)

① 近 □画目
② 麦 □画目
③ 弱 □画目
④ 強 □画目
⑤ 市 □画目
⑥ 里 □画目
⑦ 来 □画目
⑧ 紙 □画目
⑨ 弟 □画目
⑩ 母 □画目
⑪ 回 □画目

6 ＿線の 読み方が 一つだけ ほかと ちがって いる ものが あります。それに ○を つけましょう。 一つ2点(14点)

① 地
- あ（　）地名
- い（　）地ひびき
- う（　）地きゅう
- え（　）空き地

② 後
- あ（　）後日
- い（　）午後
- う（　）前後
- え（　）後ろ

③ 夜
- あ（　）夜中
- い（　）夜ふかし
- う（　）夜つゆ
- え（　）夜おそく

④ 紙
- あ（　）紙切れ
- い（　）半紙
- う（　）用紙
- え（　）新ぶん紙

⑤ 親
- あ（　）親切
- い（　）親子
- う（　）父親
- え（　）親心

⑥ 魚
- あ（　）金魚
- い（　）魚つり
- う（　）木魚
- え（　）人魚

⑦ 朝
- あ（　）朝日
- い（　）朝顔
- う（　）朝やけ
- え（　）朝食

（切り取り線）

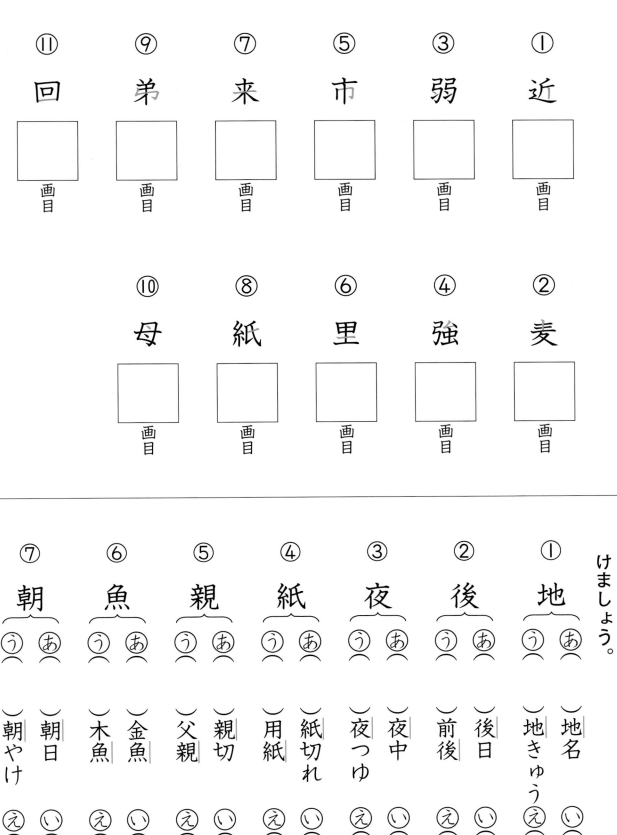

（切り取り線）

2年 かん字のまとめ

学《がく》力《りょく》しんだんテスト①

名前

月　日

時間 30分

ごうかく80点

／100

答え 10ページ

1 ――線の　かん字の　読みがなを　書きましょう。　一つ1点(20点)

① どこに　行（　）きたいかを　聞（　）く。

② 星（　）が　きらきらと　光（　）る。

③ 犬（　）が　野原（　）を　どこまでも　走（　）る。

④ 広（　）くて　青（　）い　海（　）を　ながめる。

2 □に、かん字を　書きましょう。　一つ1点(20点)

① スーパーで　□《にく》を　□《か》った。

② □□《じぶん》の　いけんを　□《い》う。

③ □《かぜ》が　ふいて　□《と》を　ゆらす。

④ □《いわ》かげ　から　□《とり》が　とびたつ。